QUEM DÁ MAIS PREJUÍZO AO BRASIL?

A CORRUPÇÃO ENDÊMICA OU O CORPORATIVISMO COLONIALISTA?

Pedro Serra

PEDRO SERRA

QUEM DÁ MAIS PREJUÍZO AO BRASIL?

A Corrupção Endêmica Ou O Corporativismo Colonialista?

1ª EDIÇÃO

BELO HORIZONTE
EDITORA AMAZON
2020

REVISÃO E ADAPTAÇÃO
Maria de Lourdes Baêta Zille

ILUSTRAÇÃO DE CAPA
David Lopes de Almeida

DIAGRAMAÇÃO E GRÁFICOS
Maria de Lourdes Baêta Zille

1ª edição

PEDRO SERRA
Rua Campestre, 404, Sagrada Família.
Belo Horizonte - MG - CEP: 31.030-140
+55 (31) 99282-1895
pedrorserrabh@gmail.com
www.pedroserra.com.br
https://www.facebook.com/pedro.r.serra.9

S487q Serra, Pedro, 1955
Quem dá Mais Prejuízo ao Brasil?
A Corrupção Endêmica ou o Corporativismo Colonialista?
/ Pedro Serra – Belo Horizonte: Amazon,
2020
299p.

ISBN 9781673756371

1. Documentário; 2. Corrupção; 3. Corporativismo
I – Título; II – Pedro Serra

CDD-320.5
328.34
CDU-336.1
338.2
82-93

DEDICATÓRIA

Dedico este trabalho aos jovens brasileiros que já nasceram e aos que estão por serem gerados nas próximas décadas! Esperando, sinceramente, que o Brasil possa entrar nos trilhos da prosperidade econômica e justiça sob todos os aspectos.

SUMÁRIO

PREFÁCIO

Tamanho do Estado, tema espinhoso, desafiador. É nesse emaranhado que adentra o autor.

Pedro é um questionador, ousado escritor que nos induz a pensar. Ousado por se aventurar em um livro de não ficção, com coragem e determinação, sujeito às críticas. Isolando-se para pensar como autor, cai num verdadeiro paradoxo, expondo ao público seus pensamentos mais íntimos: sua própria vida e de sua família, a vida de seu próprio pai. Um importante e sincero testemunho em período conturbado da história em que nos encontramos.

O livro é uma resposta à esquerda, sem querer execrá-la, sendo principalmente um contraponto, uma antítese e síntese ao livro "BRASIL, A RECONSTRUÇÃO - Caminhos Para Um Crescimento Sustentável".

Com um paralelo histórico de sua família aos momentos atuais, busca verdadeiras respostas, para si próprio e para a sociedade. Como pesquisador, nos convida a examinar com ele o que investiga, expõe e explica. Muitas perguntas, algumas respostas, mas ainda muito a pensar, nos chamando à reflexão. Num esforço para pensar em público, nos compartilha uma grande experiência, nos levando a dois pontos bem específicos: corrupção endêmica e corporativismo colonialista. Respaldando-se em fatos históricos e com grande capacidade de síntese, surgem no autor propostas de mudanças para o presente, com alterações estruturais importantes, profundas e necessárias, almejando um futuro melhor.

Livro desafiador, demandando uma profunda bagagem de conhecimento do autor, mas com questionamentos que o tornam longe de algo pretensioso. Com inexaurível erudição, mas numa linguagem simples e objetiva, sem devaneios, - apesar de seu conteúdo denso - apresenta uma confortante leitura, acessível a todos. Um verdadeiro presente do autor aos leitores!

O momento é de um Brasil que passa por mudanças. Com o advento da internet, principalmente das redes sociais, parece adentrarmos em um novo momento político, o do "senso comum". Algo até então parecendo inédito no país. Entre tantas "fakenews", nos deparamos com um "livro pérola".

Como ufólogo e com traço conservador, o escritor nos dá sua contribuição. Consegue nos passar certas questões com uma leveza que talvez por outras vias ou pontos de vista não conseguiria. Uma voz que para alguns parece dissonante, mas que ressoa em sintonia com a maioria, parecendo exprimir o sentimento comum daqueles que tentam, mas não conseguem o que conseguiu com maestria o autor. O resultado se dá como uma fusão nos questionamentos do autor com leitores, que parecem buscar as mesmas respostas. Livro de grande registro histórico, ficando nessa literatura despretensiosa a esperança de dias melhores!

Sinto-me honrado em prefaciar literatura de tal envergadura, uma verdadeira tese. Uma magnífica leitura!

Joaquim Bomfim

Médico e empresário

PRÓLOGO

O PORQUÊ DESTE LIVRO.

A ideia de escrever este trabalho me surgiu quando estava lendo o livro intitulado: "BRASIL, A RECONSTRUÇÃO - Caminhos Para Um Crescimento Sustentável", de autoria da jornalista e escritora mineira, Maria Paula Carvalho, lançado em fevereiro de 2018 pela Editora Meridional Ltda. Fui ao lançamento do mesmo a convite de um amigo comum, César Vanucci, jornalista e escritor, presidente da Academia Municipalista de Letras. Eu acabara de escrever o meu primeiro livro, intitulado: "UFOLOGIA: UMA CIÊNCIA PARA CONHECER E DIFUNDIR - A Influência do Fator Extraterrestre na Humanidade" e estava prestes a publicá-lo. Claramente pode-se ver que um assunto não tem nada a ver com o outro. A ufologia para mim é um *hobby*, uma paixão desde tenra idade. Sou fascinado pelos ETs e suas diabruras!

Aliás, sou engenheiro civil e trabalhei grande parte da minha vida dentro da engenharia. Inicialmente como empregado e, depois, criando a minha própria empresa. Tarefa bastante árdua neste nosso país é ser dono do próprio negócio, montar a sua empresa empregar funcionários, contratar colaboradores, trabalhar para o Estado e para clientes em geral. A sensação que ficou para mim, depois de 20 anos como patrão e prestador de serviços de engenharia consultiva e executando obras, é de que existem forças muito grandes para "excluir" você do mercado. Sejam por questões de natureza administrativa, contábil, financeira, jurídica e técnica, separadamente ou em conjunto. O fato real é que é muito difícil se manter no mercado de empresas comerciais no Brasil sem lançar mão de "jeitinhos locais". Desde a abertura da empresa, passando por "mil" burocracias normais ao nosso sistema empresarial, até o achaque financeiro a que você submete o seu contratante ou é submetido por ele para manter o seu contrato funcionando. Estas, e outras centenas de situações similares, são algumas das questões que serão amplamente discutidas neste livro.

Voltando ao livro de Maria Paula Carvalho, que me inspirou a pesquisar mais profundamente sobre a questão da Corrupção Endêmica que assola o nosso país, devo dizer que é muito bem estruturado, tem ótimo conteúdo de pesquisa e é muito bem escrito, o que faz com que a sua leitura se torne prazerosa ao longo de todas as suas 333 páginas. A Corrupção Endêmica, a meu ver, foi usada pelo seu trabalho como "bode expiatório" do principal motivo para explicar o atraso em que nos encontramos como sociedade civil e país. O livro, entretanto, possui um ligeiro viés político onde é deixado claro o quanto o regime militar fez mal para o Brasil e, ao mesmo tempo, enaltece a atual democracia em que vivemos. Dá grande destaque à liberdade de imprensa e relata como o voto direto tem proporcionado grandes avanços sociais. Mas se esquece completamente de dizer, minimamente, o que seria a nação brasileira se o militarismo não tivesse ascendido ao poder a pedido da população civil e empresarial da época. Ele repete o mesmo refrão da imprensa de esquerda, que tomou conta do país e das universidades governamentais a partir da Revolução de 1964, referindo-se ao regime militar como um período nefasto para o nosso desenvolvimento.

Até porque, também, não é este o objetivo principal deste livro: enaltecer o Regime Militar e execrar os regimes de esquerda e centro esquerda. Estes representados, entre outros, por Fernando Henrique Cardoso e os deploráveis 13 anos de poder nas mãos do Partido dos Trabalhadores, o PT. Quero aqui salientar que nunca fui eleitor do PT, mas votei no Lula para me opor a Fernando Collor de Mello. Já fui simpatizante do regime de esquerda de Cuba quando ainda tinha meus trinta e poucos anos. Admito, faltou-me um mínimo de informação sobre o que era o Comunismo/Socialismo! Tinha aversão ao Regime Militar sem ao menos ponderar o que seria uma Ditadura de Esquerda, comandada pela quadrilha de guerrilheiros do nível de Zé Dirceu e Dilma Rousseff.

Entretanto, vim a descobrir um inimigo ainda pior que as hordas de esquerda do comunismo assassino, que em apenas 100 anos matou mais de 100 milhões de seres humanos no mundo (China, União Soviética, Leste Europeu, Cuba e Venezuela). São dados oficiais, mas sabe-se que este número pode chegar a 160 milhões, que remetem a absurdos 1 milhão de indivíduos assassinados por ano durante estes 100 anos. Qual situação poderia ser pior para o Brasil do que a sina de tornar-se um país de regime comunista? Onde, as tão propaladas mortes executadas pelo regime militar, algo em torno de 450 indivíduos, seriam transformadas em milhares e, possivelmente, em milhões se tivéssemos caído de joelhos diante do regime comunista. Que fator poderia ser pior do que este a que estamos nos referindo e que consegue, ao mesmo tempo, manter o nosso país eternamente como um "gigante adormecido" e sem crescimento econômico? Esta causa ou fator é completamente esquecido pelo trabalho da Maria Paula Carvalho e ela aposta praticamente todas as suas certezas para acerto e crescimento do Brasil unicamente na questão do combate à corrupção e na liberdade de imprensa. Como exemplo deste posicionamento extremamente focado unidirecionalmente, transcrevemos a seguir algumas frases, tanto dela quanto dos mentores que a prestigiaram nesta sua obra.

"Em meio a tudo isso, a liberdade de imprensa é uma força dominante. Muito do avanço da democracia brasileira desde 1985 deve-se ao jornalismo, tanto na mídia impressa quanto na televisão. Além disso, a Internet tem feito uma grande diferença em vários países, e o Brasil certamente tem sido um dos líderes neste sentido."
Albert Fishlow, no Prefácio do livro
Economista, professor emérito de Economia na Universidade da Califórnia, Berkeley e de assuntos internacionais e públicos na Universidade de Columbia.

"Acabar com as distorções geradas pela corrupção – seja pelos desvios de dinheiro, os desvios de prioridades públicas ou os desvios da burocracia – se torna o principal desafio, requerendo a atuação contínua dos órgãos de controle, a organização popular, a mobilização eleitoral e o desempenho ativo e responsável da imprensa nacional."
Matthew M. Taylor, na apresentação do livro.

Professor livre docente. Escola de Serviço International, American University.

As demais citações são da jornalista e escritora, Maria Paula Carvalho, no seu livro: BRASIL, A RECONSTRUÇÃO - Caminhos Para Um Crescimento Sustentável. Editora Meridional

"Em 1964, somente alguns anos após a inauguração de Brasília, a democracia brasileira chegava ao fim." Pág. 37 Parágrafo 3.

"Episódios da brutalidade dessa época continuam vindo à tona, a partir de investigações como as a Comissão Nacional da Verdade, envergonhando gerações." Pág. 37 Parágrafo 3

"O operário que virou presidente tornou-se uma das maiores lideranças internacionais. Carismático, Lula manteve uma série de benefícios sociais herdados do governo anterior e implementou muitos outros, executando uma das reformas sociais mais importantes da história do Brasil. A diminuição da concentração de renda marcou uma das transformações recentes mais significativas para o país. " Pág. 39 Parágrafo 4

"Em meio a episódios vergonhosos, fica difícil para o cidadão comum acreditar que o possa ser mais promissor do que a realidade." Pág. 42 Parágrafo 2

"Para que o dinheiro que é de todos não desapareça em malas, cuecas, mensalões, petróleos ou quaisquer canais escusos, a sociedade brasileira precisa estar alerta. Se é fato que a minha geração possa se

ressentir de possível conivência ou mesmo omissão, ao deixar que a situação chegasse ao ponto em que chegou, sempre haverá espaço para assumir alguma responsabilidade e propor um caminho novo. Os mais jovens, afinal, merecem acreditar que é possível viver em um país mais honesto e justo com a sua gente." Pág. 323, Parágrafo 4.

"Os grandes pensadores dedicados a elaborar um projeto para o país tornaram-se inaudíveis na luta diária e comezinha contra a corrupção, que parece ter anestesiado o senso crítico construtivo." Pág. 324 Parágrafo 2

"Mais do que um obstáculo à economia, a corrupção corrói a crença dos cidadãos nas instituições públicas e nos atores do sistema de representação política, empobrecendo a qualidade do sistema democrático. Um de seus maiores prejuízos é o enfraquecimento do idealismo pelas causas cívicas. "Pág. 324 Parágrafo 3

"O Brasil tem eleições limpas, alternância de poder político, uma economia de mercado, respeito à propriedade privada, à liberdade de expressão e de religião, uma imprensa ativa e um sistema judiciário forte e independente. Muito brasileiros sentem que o seu país, de porte continental, está pronto para realizar seu potencial, e que a velha prática de se fazer negócios com base em conexões pessoais e acordos por debaixo dos panos está segurando o país para trás." Pág. 325 Parágrafo 2

Não por coincidência, mas motivados por um projeto de poder, estes 13 anos de atuação da esquerda na Presidência da República, representado pelo Partido dos Trabalhadores, talvez tenham sido os mais nefastos em termos de corrupção que acabaram por levar o Brasil, quase exclusivamente por conta das suas equivocadas políticas econômicas (Capitalismo de Estado), à sua mais grave crise econômica. Jamais registrada em toda a sua história. Por isso não podemos afirmar, como o faz Maria Paula em seu livro, que o Brasil dispõe de uma Economia de Mercado, porque o Estado era o principal financiador do desenvolvimento da fase petista. Por isto não havia Mercado. Não podemos dizer que havia respeito à propriedade privada enquanto existir uma organização clandestina, tal qual é o Movimento dos Sem Terras - MST e outros assemelhados. Estas organizações criminosas invadiram propriedades produtivas e destruíram patrimônios sem que o Estado, sob o comando do PT, levantasse um dedo para defender os direitos dos proprietários.

Não é válido afirmar que houve alternância de poder quando sabemos que o nosso sistema de Urnas Eletrônicas foi rejeitado por todos os países mais ricos e democráticos do 1º mundo, por total falta de confiança no sistema. Podemos concluir por este grave quadro que nos apresenta que estamos fazendo de conta que estamos escolhendo os nossos dirigentes. Também do nosso sistema judiciário, apesar de forte, não podemos dizer que o mesmo é independente, quando vemos advogados, que nunca foram nem juízes, assumirem as cadeiras do Supremo Tribunal Federal, simplesmente por força de "canetadas" de presidentes da república mais recentes.

Sinceramente, pensamos estar brincando de exercitar democracia ao achar que o voto tem que ser obrigatório e tantos outros descalabros que foram criados pela política nacional desde o fim do Regime militar. Fundo Partidário para 35 partidos, 82 Senadores, 513 Deputados Federais, Assembleias Legislativas estaduais completamente inchadas em todos os sentidos. Câmaras Municipais de quase 6 mil municípios que poderiam ter ¼ do efetivo atual para fazer mais e melhor do que é realizado por vereadores inúteis.

E por discordarmos desta visão de Maria Paula Carvalho, bem como de tantos outros analistas políticos ligados ao nosso jornalismo, tanto impresso quanto televisivo, que sustentam posições parecidas com estas, tomamos a decisão de escrever este livro. E ao analisar a nossa história antiga e contemporânea descobrimos um câncer extremamente perigoso e virulento, que age silenciosamente dentro da mais perfeita legalidade no tecido social da sociedade brasileira. A este câncer estamos dando o nome de: **Corporativismo Colonialista**!

Isto mesmo, caro leitor, este câncer nos acompanha desde a formação do Brasil Colônia e perdura até os dias atuais, sempre renovando a sua roupagem através de um eterno processo metamórfico muito bem engendrado. No Brasil Colônia convivemos com as Capitanias Hereditárias, hoje vivemos com supersalários mantidos por uma previdência social falida, por este mesmo e único motivo. Ele tem pouco a ver, ou nada, com a **Corrupção Endêmica** que assola o Brasil, mas tem tamanho muitíssimo maior do que ela. Seus principais agentes são os honestos funcionários públicos das esferas federais, estaduais e municipais da ativa e aposentados, nesta ordem decrescente dos gastos governamentais.

Francamente, só espero não ser injusto com valorosos e os realmente indispensáveis servidores públicos deste nosso país de proporções continentais, no transcurso deste livro, ao tentar desnudar o nosso principal e maior inimigo: o **Corporativismo Colonialista**.

Belo Horizonte, 29 de julho de 2017.

Pedro Serra

1. HISTÓRIA DE UM FUNCIONÁRIO PÚBLICO - MEU PAI

Quando meu pai ainda era funcionário público, isto há mais ou menos 60 anos, a nossa família vivia de maneira bastante simples, para não dizer com muitas restrições e sem nenhuma reserva financeira. Éramos uma família pequena de 4 irmãos, meu pai e minha mãe. Não sei exatamente o porquê, mas quando os meus pais se casaram, ainda muito jovens, ambos aos 21 anos de idade, meu pai, por machismo ou outro motivo que não cabe discussão aqui, proibiu minha mãe de continuar a trabalhar na mesma repartição pública na qual ela trabalhava: Central do Brasil. Mais tarde passou a ser denominada, ou transformada, de Rede Ferroviária Federal S. A., uma Estatal destinada a cuidar das ferrovias do país. Naquela época o funcionalismo público estava mais para uma espécie de subemprego do que propriamente uma carreira promissora como o é nos dias atuais. A consequência disto foi deixar o meu velho pai nas mãos dos agiotas da época, pois não contava com o salário da minha mãe que poderia contribuir para equilibrar o orçamento familiar. Lembro-me, muito pequeno ainda, sendo acordado de manhãzinha pelas discussões acaloradas sobre o dinheiro, ou a sua falta, entre eles.

Meu pai, nascido em Belo Horizonte, era o 11º filho de um italiano da região de Romanha, província de Forli, região central da Itália, de pouquíssimas posses, para não dizer muito pobre. Ao nascer, nem viu a sua pobre mãe falecer em função do seu parto. Antes de partir, Dona Rosa Favarini recomendou à sua irmã, Luiza (que era casada, mas não tivera filhos) que se incumbisse de criar o seu pequeno filho: Sidney. Sim, tia Luiza era casada com outro italiano, Zé Daré, completamente analfabeto, forte fisicamente e ignorante como uma "mula brava". E esta foi uma das prováveis razões do casamento precoce do meu pai e de sua penúria financeira vivida no início da sua vida de casado: fugir de casa e das surras que tomava do padrasto postiço.

Minha mãe também não teve vida fácil desde o início da sua infância. Meu avô materno, chefe da estação de trens da Central do Brasil, na cidade de São João Del Rei, em Minas Gerais, contraiu um câncer que a deixou órfã em meio a sua puberdade. Veio então para a cidade de Belo Horizonte morar com a sua irmã mais velha, Carolina, e seu irmão caçula, José. Menina do interior e sem nenhuma maldade, se apaixonou pelo belo e charmoso filho de italiano, Sidney Favarini Serra. Ela também era muito bonita e chamava a atenção em meio a todas as representantes do gênero feminino da cidade. E também ficou incomodada por uma situação desconfortável na casa de sua irmã, já casada e com uma sogra portuguesa muito brava e antipática a ela. Desta feita, ela também partiu para a vida de casada como fuga de um futuro pouco promissor que se descortinava diante daquela situação.

Mas o que esta reduzidíssima descrição da vida dos meus progenitores e da minha família tem a ver com o foco deste trabalho: **Corrupção Endêmica** e **Corporativismo Colonialista**? Aparentemente nada, mas toda a ideia de elaborá-lo surgiu desta situação originária que eu vivi dentro da minha família e vi com os meus próprios olhos. Observei como tudo se modificou dentro do espaço de apenas 6 décadas de existência ao ver o meu pai sair do ostracismo de um emprego público, pessimamente mal remunerado, para trabalhar na iniciativa privada e ganhar 10 ou 12 vezes mais que o seu salário de funcionário público. Foi a época do milagre brasileiro propiciado pelo Regime Militar que investiu pesadamente em infraestrutura e criação da maioria das Estatais que hoje vicejam ainda com muita força. Também foi um período dourado para a iniciativa privada e das empresas prestadoras de serviços de uma forma geral. Talvez por esta razão, tantos brasileiros tenham saudades da "Ditadura Militar" alcunhada assim pela ala da militância política da esquerda.

Voltemos, então, à situação financeira e empregatícia do meu pai nos tempos em que ser funcionário público era sinônimo de viver no ostracismo social, com parcos salários, pouco ou nenhum privilégio e prestígio. Neste período, juízes de todas as áreas e varas recebiam baixos salários. Não tinham o *Status* e nem os benefícios diretos e indiretos que chegam a somar atualmente pequenas fortunas dignas de poucos e bem-sucedidos empresários da iniciativa privada. Levar um ganho mensal de R$ 60 mil, limpos na mão - tarefa relativamente fácil hoje em dia para juízes em meados de carreira - representa que um empresário da iniciativa privada tem que ter faturamento bruto mensal médio na sua empresa em torno de R$ 6 milhões. Isto é verdade somente para as empresas que conseguem ter um lucro líquido de 10% sobre o seu faturamento bruto, após apagar todas as despesas diretas, indiretas e os gordos tributos de toda sorte e origem cobrados no país. Se este empresário retirar mais do que 10% do Lucro Líquido da sua empresa, que representa os 60 mil reais por mês, ele a colocará em rota de falência. Fazendo uma conta simples, verificamos que esta mesma empresa tem que ter um faturamento anual médio de 72 milhões de reais, o que a coloca no patamar das empresas de porte médio no Brasil.

Faltavam apenas 2 anos para o meu pai se aposentar pela Central do Brasil quando ele ouviu o "Canto da Sereia", aquele mesmo que, segundo diz a lenda, leva experientes marinheiros ao encontro fatal com a morte. No caso dele não foi propriamente a morte que ele encontrou, não naquele momento, mas um polpudo salário capaz de se igualar aos pequenos marajás do emprego público dos dias atuais. Para facilitar a compreensão da visão do que representava um baixo e um alto salário em meados da década de 70, devido aos mirabolantes planos de combate à inflação crônica brasileira e mudanças de moedas, imaginem que o meu pai ganhava mensalmente, R$ 3.500,00 na função técnica que ele desempenhava com muita competência, como funcionário público. Quando ele foi encantado pelo "canto da sereia" passou a receber o equivalente a 12 vezes o valor de R$ 3.500,00, ou seja, passou a ganhar R$ 42.000,00! Ele ficou tão deslumbrado com esta cifra que acabou por fazer o que a maioria de nós talvez fizesse: abandonou o emprego público para se dedicar de corpo e alma à iniciativa privada.

Não fazia parte do seu caráter deixar o paletó no respaldo da sua cadeira, como se ali tivesse ido trabalhar, e sair para fazer "uns bicos" como vários de seus colegas de repartição costumavam fazer usualmente. Ele chegou a ser chamado de "moleque" por um dos seus chefes de seção quando disse que iria abandonar as suas atividades. Tratava-se de um coronel do

Exército, reformado, que trabalhava no setor de segurança da Central do Brasil. Ao ouvir tal repreenda, pelo seu sangue italiano explosivo, quase saiu às "vias de fato" com este militar da reserva. Aliás, grande amigo de outrora que o havia ajudado em algumas questões civis. Na época ele trabalhava também como disciplinário de uma escola secundária, administrada pela Central do Brasil, no período da noite, para dar conta de manter a sua família com condições de mínima dignidade.

Em função de todos estes fatores e da possibilidade de ganhar um rendimento que jamais tinha visto ou recebido na vida ele "jogou pela janela" 33 anos de serviço público. Aquilo não o preocupou de início, mas tempos depois veio a ser a sua grande mágoa e decepção com a vida e as escolhas que foi levado a fazer! Devido ao fato de ter nascido pobre e se casado cedo em demasia, Sidney acabou por não se formar em arquitetura. A tal escola que ele vivia dizendo à minha mãe estar matriculado. Sabemos, através dela, que talvez ele nunca tenha nem se matriculado. Acabou, por esta razão, se tornando técnico de campo e projetista da melhor estirpe, ao invés de arquiteto.

Inteligente, criativo, artista em várias técnicas, inventivo como ninguém que eu tenha conhecido pessoalmente até hoje. Uma de suas grandes mágoas nesse período da sua vida profissional, como funcionário público, era o distanciamento salarial e os benefícios diretos e indiretos que havia entre os técnicos como ele e os engenheiros da Central do Brasil. Estes ganhavam bons salários à época e tinham direito a excelentes casas funcionais, algo raro para a época em se tratando de funcionários públicos.

Fui criado para ser o engenheiro que ele tanto invejava, no sentido positivo deste pecado humano, se isto é factível, e não conseguiu ser devido às escolhas que ele tomou para a sua vida. Era comentário dele de que os engenheiros daquela estatal, já naqueles tempos, eram incompetentes e viviam se esquivando da responsabilidade do trabalho pesado. Vi meu pai empreendendo em vários segmentos da iniciativa privada: montou fábrica de sabão, foi vendedor de doces e chocolates, criou galinhas de raça e vendeu ovos. Fabricava gaiolas para galinhas, desenhava e montava móveis de madeira e aço, projetou bate-estacas para fundações. Coordenou a montagem e fabricação do primeiro medidor do teor de água no álcool do programa PROÁLCOOL e fundou uma das primeiras fábricas de pré-moldados de concreto de Minas Gerais. Como projetista civil, participou com brilhantismo de projetos grandiosos na área de geração de energia nas hidrelétricas de Jaguará, Emborcação, Nova Ponte, Miranda e Capim Branco (da CEMIG), durante o período do regime militar. Além disso, era artista plástico e escrevia contos e poemas. Enfim, era um artista completo.

Mas a década do milagre brasileiro estava terminando e por volta do início dos anos 80 veio a grave crise internacional do petróleo. Praticamente aí começaram todos os nossos maiores problemas em termos de economia nacional e desmantelamento da engenharia que tinha se formado no período de 1964 a 1980. Mas ainda não falaremos do país, mas do meu pai, porque a epopeia particular dele ainda não acabou de ser contada! À medida que os anos se passaram, desde que ele tinha abandonado o emprego público e mergulhado de ponta-cabeça na iniciativa privada, as condições de empregabilidade e melhoria de salários começaram a ganhar espaço para o setor público e a piorar visivelmente para o setor privado. Os colegas dele que haviam se aposentado 2 anos após a sua ruptura com o funcionalismo público começaram a melhorar de vida material a olhos vistos. Ganhos reais nos seus salários foram incorporados de forma plena, definitiva e em uma ascensão observável até nos dias de hoje.

Os 10 anos que Sidney passou trabalhando incansavelmente na iniciativa privada davam mostras de fadiga, cansaço e, na melhor das hipóteses, começava a apresentar falta de demanda por postos de serviços. Veio a crise, o pleno desemprego e o seu primo direto, o subemprego com salários mais baixos. Eu mesmo, formado em engenharia civil, em plena crise de 1982, me vi obrigado a aceitar trabalhar 8 horas diárias e receber por apenas 4 horas. Todo aquele período dourado que o meu pai viveu, podendo nos proporcionar uma vida familiar mais tranquila estava com os dias contados. Ele próprio foi uma das vítimas dos cortes desesperados dos empresários que, de uma hora para outra, se viram obrigados a reduzir despesas. Estávamos em plena Era da Revolução Tecnológica mais acentuada que tínhamos presenciado até então. Eram implantados os primeiros plotters que substituiriam, em breve, os desenhistas e projetistas como ele. Os primeiros computadores pessoais, os primeiros Notebooks e sistemas computacionais que reduziriam enormemente as tradicionais equipes técnicas de engenharia dos anos 70.

Desempregado (ou subempregado), ele continuou a lutar bravamente. Nunca parando nem para tratar minimamente da sua saúde. Além disso ele amargava a falta de duas aposentadorias. Uma a que teria como funcionário público da Central do Brasil, se não tivesse abandonado o emprego público faltando apenas 2 anos para concluir os 35 anos necessários. A outra, a que ele chamava de Aposentadoria do Tesouro. Seus antigos companheiros de trabalho e com o mesmo nível de classificação funcional estavam recebendo, a valores atuais, o que corresponderia a R$ 20 mil /mês por cada uma delas! Ao mesmo tempo, ele estava se matando para receber míseros 2 a 3 mil reais mensais com muito suor e sangue das próprias mãos, sem exagero da expressão.

Seus antigos colegas de repartição viviam comodamente, de "papo para o ar", recebendo 40 mil reais/mês! Alguns poucos, ainda hoje vivos, recebem estas polpudas remunerações por direito previdenciário. Isto, literalmente, o matava de arrependimento. Contratou advogados que conseguiram, no máximo, foi acabar pouco a pouco com as suas pífias reservas financeiras. Os benefícios das duas aposentadorias, que eram o seu sonho dourado, jamais chegaram próximos dele. Com tanta falta de sorte e infortúnios na sua vida cotidiana, ele desenvolveu doenças em graves crises até contrair um câncer no pâncreas que veio, assim, decretar o fim da sua existência terrena.

O que faltou ao meu pai para ter uma vida tranquila e um fim de vida condigno? Está certo que ele era muito inquieto e agitado pela sua própria natureza. Forte fisicamente como um touro, valente como um centurião romano, bondoso e carinhoso ao extremo. Foi crédulo demais com as pessoas erradas, amava seus amigos como ninguém, deixou fortes e boas lembranças em todos nós que convivemos com ele e o amamos. Hoje, passados 20 anos do seu falecimento, posso afirmar com absoluta certeza que o que faltou a ele foi a percepção do que estava ocorrendo com o seu país. E não só a ele, mas a todos nós que acreditávamos que poderíamos construir uma nação saudável, produtiva, exportadora não só de commodities como também de serviços especializados e tecnologias de ponta.

Ele não enxergou que a partir da década de 60, mais precisamente após a revolução de 1964, com a tomada do poder pelos militares, subiu no palanque do cenário da nossa história, junto com os generais do exército brasileiro, o político subserviente, o "beija-mão", o "puxa-saco", ardiloso, inteligente e disposto a fazer qualquer negociata em troca do poder e do dinheiro. Este regime extirpou da nossa sociedade a capacidade de exercer política com inteligência, praticada por pessoas bem-intencionadas com o bem-estar da nação. Interessava a eles somente o poder de volta. Somente políticos dispostos a compactuar com médios e grandes projetos ligados ao corporativismo de classes ficaram no cenário político após a intervenção militar de 1964. É óbvio que políticos honestos, sérios e competentes existiram e continuam existindo na classe política brasileira, mas, infelizmente, viraram raras exceções dado ao sistema interno que os seduzem e corrompem.

Desafortunadamente colocamos "os lobos para pastorear as ovelhas"! É uma pena!

Faltou a ele, e a todos nós que hoje sofremos as consequências de um Estado Mastodôntico totalmente deficitário em suas contas públicas, enxergar que as várias vertentes do funcionalismo público estavam se organizando, protegendo-se e criando verdadeiros castelos de desigualdades sociais. Representados por altíssimos salários, inúmeros e questionáveis benefícios diretos e indiretos, em nome da sua própria segurança e bem-estar. São resultados diretos disso tudo os supersalários dos funcionários da ativa e dos inativos das três esferas do poder político, dos próprios militares, do poder Judiciário, do Legislativo e do Executivo. Criaram distorções gigantescas existentes somente no nosso país e em algumas outras pobres republiquetas do 3º mundo. Não existem tais aberrações em nações avançadas, ricas e que consideram o seu povo como a sua maior riqueza.

Não achamos que este problema tenha solução em curto prazo, nem mesmo a médio. Só temos a certeza de que precisamos mudar o nosso padrão comportamental, que remonta à nossa formação como povo de uma nação, para que tenhamos alguma chance de melhoria em um futuro não muito próximo para as gerações vindouras. Quem sabe para os nossos netos? A história da vida do meu pai, real e fidedigna até onde posso me recordar, é igual à de centenas de milhões de brasileiros de 3ª, 4ª e 5ª classes sociais. Somos hoje uma população aproximada de 210 milhões de brasileiros e os dados nos remetem à situação de existir 160 milhões de *Sidneys* que não podem se curar das suas doenças mais básicas por falta de tempo e recursos. Os cidadãos de 1ª e 2ª classes são os empresários bem-sucedidos, os altos e médios funcionários da iniciativa privada. Incluem-se nestas classes mais ricas os altos funcionários públicos da ativa e aposentado, bem como os militares, com poucas exceções à regra.

O que pretendemos mostrar ao apresentar esta matéria investigativa é focar no nosso real problema para que possamos trabalhar na sua cura e futura melhoria da nação. Forças corporativas gigantescas querem que enxerguemos pelo lado errado do nosso problema para que elas continuem a vicejar sem maiores problemas, mas se esquecem de que quando o remédio é muito forte, o paciente não resiste ao tratamento e acaba morrendo. Até mesmo um parasita do organismo humano, tipo helmintos e/ou protozoários, tem que usar o seu instinto de sobrevivência, porque se matar o corpo do seu hospedeiro ele também morrerá. Será que estamos lidando com uma organização social, do tipo parasita, que sabe até onde pode sugar um povo ao ponto de deixá-lo fraco, mas nunca o matar? Se assim o for, temos que agir com mais eficiência e rapidez para sair desse estado permanente de fraqueza profunda!

Sabemos que a criminalidade é um fenômeno mundial e não uma característica de um povo específico. As formas de tratá-la podem sim diminuir ou aumentar a sua influência sobre uma sociedade como um todo. A Inglaterra, séculos atrás, financiava piratas para saquear galeões espanhóis carregados de ouro e prata, também roubados dos Incas, Maias e Astecas. A máfia japonesa, a YAKUZA, reconhecida no mundo inteiro por seus longos tentáculos não fica atrás de outras máfias como a italiana, a russa, a chinesa, a israelita, a sérvia, a mexicana, a albanesa, a colombiana e a jamaicana. Vê-se por esta relação de algumas máfias ao redor do mundo que a criminalidade não é uma característica de um determinado povo. Não está na genética de uma raça específica, mas podem, sim, se tratar de verdadeiras organizações empresariais, não governamentais, que tem se globalizado como qualquer outro ramo do setor empresarial. Elas, as máfias, formam a base do chamado "poder paralelo do submundo do crime". Isto tem trazido bastante preocupação aos órgãos mundiais de controle e organização do mundo da economia formal, oficial, tal como a ONU e outros órgãos transnacionais mais específicos para o combate da criminalidade.

A corrupção, um dos dois principais focos deste trabalho, é praticada por empresários, políticos, altos funcionários de estatais, juízes, militares e todo e qualquer indivíduo que esteja em posição privilegiada para extorquir e/ou ser extorquido ou ainda, de cobrar vantagens além das condições normais de uma determinada negociação. A corrupção tem uma conotação ligeiramente diferenciada do crime organizado. O participante da corrupção não necessariamente pertencente a uma facção criminosa, mas acaba cometendo crimes contra o patrimônio público, assim como qualquer indivíduo pertencente ao crime organizado. Na corrupção não há necessidade do uso direto de armas de grosso calibre, mas pode chegar bem próximo disso ao ter que "queimar arquivos" de presumíveis delatores das falcatruas com políticos. Estes últimos, invariavelmente, estão envolvidos com empresários do setor privado.

Alguns tipos de corrupção podem ter motivação social e política com objetivos bem definidos por suas doutrinações ideológicas. Aqui também, como no mundo inteiro, não é privilégio nosso ter um forte esquema de corrupção. O que nos diferencia do resto do mundo é a pouca importância que damos à forma de combater a corrupção e como se precaver das suas consequências. Nossas estruturas sociais precisam, urgentemente, passar por reformas profundas e modificadoras da situação atual para que isto possa ser refletido na nossa estrutura política. Enquanto não ensinarmos às nossas crianças os valores morais e humanos corretos de uma sociedade mais justa nada se modificará.

Um outro objetivo deste trabalho é quantificar o que representa para o nosso país, em termos de perdas e prejuízos financeiros a **Corrupção Endêmica** que nos assola em tempos de Operação Lava Jato. Talvez a maior operação deflagrada no mundo para combate à corrupção depois da Operação Mãos Limpas da Itália. Contrapondo à quantificação destes números colocaremos em xeque os nossos gastos astronômicos com altíssimos salários, privilégios e gastos governamentais de todas as esferas que compõem o que chamaremos daqui para frente de **Corporativismo Colonialista**.

Tentaremos avaliar, com o máximo de imparcialidade possível, quem custa mais aos cofres públicos da pátria Brasil: se é a **Corrupção Endêmica** que penetrou em todos os setores do tecido da nossa organização política social, ou se é o **Corporativismo Colonialista** herdado desde os tempos de Colônia de Portugal.

O mecanismo colonialista permite que se mantenha uma casta formada por beneficiários com alto padrão de vida, extremamente onerosa e difícil de ser vista ou percebida porque é formada por trabalhadores honestos e cumpridores das suas obrigações. Cidadãos brasileiros com quem convivemos diariamente, seja por relacionamento de amizade ou de parentesco. São pessoas comuns dos mais diversos tipos: simpáticas, extrovertidas, tímidas, zangadas, megalomaníacas, econômicas, justas, felizes, caridosas, maldosas. Enfim, todo tipo psicológico humano compõem as fileiras dos empregados públicos nacionais, mas que se diferenciam sobremaneira do cidadão brasileiro comum que está do lado de cá, na iniciativa privada. Não porque elas querem, mas simplesmente porque isto está no nosso DNA cultural.

Entendemos por **Corporativismo Colonialista** a ideia errônea, sob a nossa ótica de análise, de que o Estado tem a obrigação de tudo prover, independente de quanto possa custar, beneficiando estritamente uma casta seleta de cidadãos que vivem da estrutura governamental. Ganhando altíssimos salários e benefícios ilimitados, mesmo após a entrada no seu período de inatividade ou aposentadoria. **Corporativismo Colonialista** são também os gastos astronômicos com a estrutura governamental, praticados através de verbas do orçamento da União cada vez maiores em função do inchamento desmesurado e desnecessário da máquina pública. **Corporativismos Colonialistas** são os supersalários de funcionários públicos de 1ª e 2ª classe que passam de pai para filho como se fossem títulos de nobreza de um Brasil Colônia ou um título de possessão tal como nas Capitanias Hereditárias.

Faz parte do **Corporativismo Colonialista** a situação quase intocável de Juízes quando estes são surpreendidos cometendo crimes de corrupção: simplesmente são aposentados, ganhando os salários integrais como se nada tivesse acontecido de grave. **Corporativismo Colonialista** compõe a estrutura cartorial complexa que predomina nas sociedades de formação latina como a brasileira, assim como acontece em países como a França (grande mentora da burocracia mundial), Portugal, Espanha, Itália e toda a América Latina, salvo raras exceções, obrigando, no mínimo, os seus cidadãos a pagarem por certidões e registros civis de toda sorte a fim de alimentar gordas contas de donos de Cartórios.

2. UMA BREVE PARADA NA HISTÓRIA DO BRASIL COLÔNIA

Quando o Brasil foi descoberto por Portugal em 1500, era uma terra povoada exclusivamente por índios bastante atrasados em termos de desenvolvimento social. Várias raças diferenciadas de silvícolas tinham até hábitos antropofágicos porque pensavam ser possível ter a força do inimigo pelo simples ato de comer a sua carne. De 1530 a 1807 o Brasil viveu a sua era como colônia de Portugal, fustigada por sucessivas invasões de franceses no Rio de Janeiro e holandeses em Pernambuco. Com muita bravura e destemor os portugueses conseguiram manter a colônia sob o seu controle durante todo este período inicial. Assinaram com os espanhóis o Tratado de Tordesilhas - uma linha imaginária que cortava os paralelos na perpendicular, dividindo o que eram terras portuguesas e terras espanholas - que foi acatado e respeitado pelo vizinho que colonizou todo o restante da América Latina, garantindo a Portugal esta vastidão de área que é o nosso país. Os portugueses, porém, não deram a menor confiança para o tal Tratado e invadiram a área espanhola. Inicialmente nenhum nobre português teve interesse em morar na colônia, haja vista que aqui nada tinha, num primeiro momento, que despertasse o interesse aventureiro deles.

Não foi como aconteceu no México, Peru e outros países da região vizinha onde os espanhóis se defrontaram com civilizações locais muito adiantadas e possuidores de milhares de artefatos em ouro e prata já nos idos do século XVI, sem falar nos colossos de cidades monumentais, avançadíssimas socialmente, encontradas ao chegarem lá. Aqui só havia índio muito selvagem e hostil, vivendo, na maioria das vezes, pelados e com o corpo todo pintado para guerras constantes. Diante deste quadro pouco animador, Portugal resolveu, então, enviar à força, condenados e degredados pelas leis portuguesas para criar povoados na colônia, no intuito de que ela não ficasse a mercê dos piratas franceses e holandeses que navegavam pela costa brasileira. Inicialmente descobriram-se as propriedades magníficas do Pau Brasil que além de ser excelente madeira para usos diversos, ainda tinha a característica de possuir um pigmento de alta qualidade para tinturaria em geral. Os portugueses aportaram por aqui com machados para corte do Pau Brasil, que davam aos indígenas locais para que cortassem a madeira e em troca presenteavam com bugigangas baratas de toda sorte os bravos e alegres indígenas tupiniquins da época.

Vê-se por este simples relato que a nossa colonização foi totalmente diferente da ocorrida na América do Norte, onde famílias inteiras e seus respectivos chefes partiram da Inglaterra para formar uma nova pátria, longe do jugo do Rei e da Igreja, instalando-se em vastas áreas para serem aradas, semeadas e colhidas. Foram para lá criar uma nova nação, com mais justiça, maior liberdade e totalmente independente da Inglaterra, diferentemente dos degredados que para aqui foram forçados a vir. E fizeram o que sabiam fazer de melhor: explorar o ingênuo indígena para cortar para eles o Pau Brasil tão cobiçado na Europa da época. A ideia inicial e que parece ter perdurado até os dias atuais, era somente vir aqui para retirar o que havia de valioso e voltar para a Europa/Portugal. Não houve o ciclo virtuoso que trouxessem pessoas sérias e comprometidas com suas famílias para cá e o sonho de criar no Brasil um lugar melhor para se viver. Com leis e normas claras e dignas de uma sociedade mais justa e obreira.

Este ciclo do Pau Brasil foi somente o primeiro de uma série de outros ciclos de exploração predatória, em nome do Rei de Portugal, que cobrava o Quinto, ou seja, a quinta parte de toda riqueza encontrada nas nossas terras (pedras preciosas, ouro, prata, madeira, café e açúcar) era devido à Coroa Portuguesa. Bons tempos estes, não? Hoje somos taxados na ordem de 40% das nossas riquezas geradas, produzidas com o suor e o trabalho de cada brasileiro.

Transcrevemos a seguir o resumo de um texto intitulado: "Impunidade no Brasil - Colônia e Império" de autoria de Luís Francisco Carvalho Filho para demonstrar substancialmente como "Ela" está impregnada no nosso tecido social desde Colônia, Império e República, sendo este último estágio político do Brasil uma observação por nossa conta:

"A IMPUNIDADE está no centro do debate político brasileiro. Um olhar retrospectivo para a história do Brasil, tendo como referência a aplicação da pena de morte para delitos comuns (em contraposição a delitos políticos, militares e religiosos), a partir de documentos legais e do relato de historiadores, cronistas e viajantes, mostra que a impunidade sempre esteve na ordem do dia. A despeito da violência repressiva, marcante em diversos momentos, a ausência de efetividade do direito

penal tal como escrito, seja pela prática do perdão, seja pela falta de vontade política, seja pela dificuldade de meios, é uma constante nos períodos colonial e imperial."

Luís Francisco Carvalho Filho é advogado, articulista da Folha de S. Paulo, ex-presidente da Comissão Especial de Mortos e Desaparecidos Políticos instituída pela Lei 9.140/95, autor de O que é pena de morte (São Paulo, Brasiliense, 1995), nada mais foi dito nem perguntado (São Paulo, Editora 34, 2001) e A prisão (São Paulo, Publifolha, 2002).

http://www.scielo.br/scielo.php?script=sci_arttext&pid=S0103-40142004000200011

Ainda na trilha do nosso passado, tentando esclarecer "porque" somos assim, tanto individualmente como socialmente, leiam o texto seguinte, retirado do Boletim da FAPESP, que faz comentários sobre o livro de Adelto Gonçalves, "Direito e justiça em terras d'el rei na São Paulo colonial 1709-1822":

"Reconstituir o funcionamento da Justiça no Brasil colonial é, ao mesmo tempo, mapear as estruturas de poder do período, reconhecer arraigados maus costumes e observar a formação de uma elite que se manteria dominante até as primeiras décadas do século XX. Esse recorte define o livro Direito e justiça em terras d'el rei na São Paulo colonial 1709-1822, de Adelto Gonçalves, lançado em julho pela Imprensa Oficial do Governo do Estado de São Paulo. Verificar e descrever as atribuições dos membros de uma rede de poder que ocupava cargos de ouvidores, juízes de fora, provedores, corregedores, juízes ordinários e vereadores foi um dos objetivos primordiais de Gonçalves, que procurou seguir uma

tendência recente na historiografia brasileira, "que procura privilegiar as pesquisas sobre as formas de governar"

http://revistapesquisa.fapesp.br/2015/08/13/privilegios-ancestrais/

Fica claro, por este relato, até para o mais míope observador, cego até do conhecimento parcial de fatos históricos sociais, que a sociedade brasileira que se formou a partir da mistura de degredados portugueses, índios extremamente selvagens, negros escravos trazidos de quase todos os países mais pobres da África e de nobres portugueses foi uma combinação pra lá de explosiva, no que concerne à sua capacidade para criar mecanismos formadores e mantenedores de características sociais tais como a Impunidade e os Privilégios de Castas. Então não adianta hoje, nós brasileiros, "sentarmos sobre os nossos rabinhos", atuais e dos nossos antepassados, e nos escandalizarmos com os desmandos dos poderosos, com os gastos astronômicos de uma elite corporativista de origem Colonialista! Os nossos políticos da atualidade (hoje perseguidos e alguns até presos pela "Lava jato") não vieram de Marte, nem tão pouco de Saturno: eles são daqui, do Brasil! Da mesma forma que a nossa elite, composta de funcionários públicos ocupantes de altos cargos, políticos de todas as esferas e militares de altas patentes de todas as armas, que chegam a ganhar supersalários tanto na ativa quanto na inatividade, até depois da própria morte, deixando o rico quinhão salarial para os seus herdeiros - filhos e netos - não são aberrações urdidas na calada da noite dos nossos tempos atuais, mas simplesmente vêm se repetindo e firmando-se como uma realidade social, através dos séculos, cada vez mais nítida para quem se propõe a estudá-la.

É com vistas a esta duríssima realidade socioeconômica brasileira que pretendemos deixar o mais claro possível qual é realmente o dragão a ser combatido e morto dentro das nossas trincheiras. O que não deixa a nossa sociedade dormir em paz, sendo constantemente assolada por uma desigualdade social poucas vezes vista no mundo moderno atual, que exceções sejam feitas às republiquetas de tendência pouco ou nada democráticas da América do Sul, Central e africanas. Nós nos tornamos ou sempre fomos uma sociedade extremamente injusta, com baixa autoestima para determinados valores humanos? E autoestima superabundante para outros, geralmente relacionados ao futebol e carnaval!

A seguir apresentamos mais duas excelentes matérias sobre a nossa história nos tempos de Colônia e Império para ilustrar ainda mais estes importantes períodos de formação do nosso país. Foram extraídos os trechos que achamos mais importantes, mas recomendamos a leitura da matéria integral através do link fornecido abaixo.

https://www.historiadobrasil.net/resumos/periodo_joanino.htm

"Ciclo do pau-brasil (1500 a 1530)

- *Os portugueses chegaram ao Brasil em 22 de abril de 1500.*
- *Portugueses começaram a extrair o pau-brasil da região litorânea, usando mão de obra indígena. A madeira era comercializada na Europa.*

- *Os portugueses construíram feitorias no litoral para servirem de armazéns da madeira.*
- *Nesta fase, os portugueses não se fixaram, vinham apenas para explorar o pau-brasil e retornavam.*
- *Essa época foi marcada por ataques estrangeiros (ingleses, franceses e holandeses) à costa brasileira.*

Ciclo do açúcar (1530 até século XVII)

- *Em 1530, chegou ao Brasil a expedição de Martim Afonso de Souza com objetivo de dar início à colonização do Brasil e iniciar o cultivo da cana-de-açúcar.*
- *A região Nordeste foi escolhida para o cultivo da cana-de-açúcar, em função do solo e clima favoráveis.*
- *Em 1534 a Coroa portuguesa criou o sistema de Capitanias Hereditárias, para dividir o território brasileiro, facilitando a administração. O sistema fracassou e foi extinto em 1759.*
- *Em 1549, foi criado pela coroa portuguesa, o Governo-Geral, que era uma representação do rei português no Brasil, com a função de administrar a colônia.*
- *A capital do Brasil foi estabelecida em Salvador. A região Nordeste tornou-se a mais próspera do Brasil, em função da economia impulsionada pela produção e comércio do açúcar.*
- *Nos engenhos de açúcar do Nordeste era usada a mão de obra escrava de origem africana.*
- *Ocorreu, entre 1630 e 1654, a invasão e dominação holandesa no Nordeste do Brasil. O destaque foi para a administração de Maurício de Nassau.*

- *Nos séculos XVI e XVII, os bandeirantes começaram a explorar o interior do Brasil, em busca de índios, escravos fugitivos e metais preciosos. Com isso, ampliam as fronteiras do Brasil além do Tratado de Tordesilhas.*

Ciclo do ouro (século XVIII)

- *Em meados do século XVIII, começaram a ser descobertas as primeiras minas de ouro na região de Minas Gerais.*
- *O centro econômico deslocou-se para a região Sudeste.*
- *A mão de obra nas minas, assim como nos engenhos, continuou sendo a escrava de origem africana.*
- *A Coroa Portuguesa criou uma série de impostos e taxas para lucrar com a exploração do ouro no Brasil. Entre os principais impostos estava o quinto (20% de todo ouro encontrado na colônia).*
- *Ocorreu significativo crescimento das cidades na região das minas, com grande urbanização, geração de empregos e desenvolvimento econômico.*
- *A capital foi transferida para a cidade do Rio de Janeiro.*

No campo artístico, teve destaque o Barroco Mineiro e seu principal representante: Aleijadinho.

Artigo publicado em: 29/02/08 - Última revisão: 24/08/18

Por Jefferson Evandro Machado Ramos

Graduado em História pela Universidade de São Paulo - USP (1994). "

Há que se ressaltar, quando estudamos a história do Brasil, no que tange ao período da escravatura dos negros africanos, sempre o colono português, branco ou mestiço, é colocado como o principal responsável pelo comércio de escravos.

É relegado ao plano do esquecimento absoluto, pelos historiadores brasileiros, que o negro saía do seu país de origem para ser vendido no Brasil já escravizado, diga-se - para corrigir este erro ou omissão histórica - pelo próprio africano de diferentes etnias. Observamos frequentemente, até nos dias atuais, as infindáveis e eternas lutas internas em diversos países africanos, onde uma determinada etnia local elimina ou escraviza outra. Será justo, hoje em dia, o politicamente correto culpar a sociedade "branca" que usou a mão de obra escrava e cobrar dela uma compensação pelos erros do passado, como se ela fosse a única responsável por este período lamentável da história?

https://oglobo.globo.com/sociedade/historia/historiadores-resgatam-episodios-de-corrupcao-no-brasil-colonia-na-epoca-do-imperio-17410324

Historiadores resgatam episódios de corrupção no Brasil Colônia e na época do Império

Em tempos de Lava-Jato, o escritor Laurentino Gomes dará palestra sobre o aspecto histórico do tema no próximo dia 10 - Clarissa Pains - 05/09/2015 - 07:00 / Atualizado em 07/09/2015 - 14:52

"RIO – No dia em que Dom João desembarcou no Rio de Janeiro, em 1808, ele recebeu "de presente" de um traficante de escravos a melhor casa da cidade, no mais belo terreno. Ceder a Quinta da Boa Vista à família real assegurou a Elias Antônio Lopes um status de "amigo do

rei" e foi seu visto de entrada para os privilégios da Corte. Nos anos seguintes, como consequência, ele ganhou muito dinheiro rapidamente, além de títulos de nobreza. Lopes não estava só: era comum que senhores de engenho, fazendeiros e traficantes de escravos estabelecessem um regime de "toma lá, dá cá" com o rei, que chegou ao país praticamente falido. Os negócios públicos e privados já se confundiam no Brasil Colônia, mas essa ligação se estreitou com a vinda da Corte portuguesa, quando se instaurou o costume da "caixinha" – porcentagem de dinheiro desviada – e da troca de dinheiro por títulos de nobreza. "

"Tema frequente do noticiário, principalmente em tempos de Operação Lava-Jato, as práticas de corrupção são, segundo historiadores, herança de uma formação de país baseada em um Estado centralizado, burocratizado e clientelista. Quem reconta a história da Quinta da Boa Vista é Laurentino Gomes, autor dos livros "1808", "1822" e "1889", que dará palestra sobre as origens da corrupção no Brasil na próxima quinta-feira, no Midrash Centro Cultural, no Leblon. Para ele, as características que possibilitaram tantos malfeitos vêm desde a chegada das primeiras caravelas, mas foram potencializadas quando o Brasil virou a sede do Império. "

"Na época da constituinte de 1822 a 1823, um comerciante chegou a enviar uma carta ao governo afirmando que conseguiu um alvará para servir comida em seu restaurante, mas que, depois disso, funcionários públicos passaram a exigir um alvará para servir café. Ora, quem pode servir comida não pode servir café? Quando as pessoas são expostas a situações como essa, são forçadas a pensar na corrupção como saída – destaca o autor. "

"Em relatos de viajantes desse período, o "jeitinho" chamava atenção. Navegadores contavam em cartas que se surpreendiam com a esperteza dos brasileiros, que misturavam pó com ouro para vender aos viajantes e contrabandeavam cargas preciosas. É dessa época a expressão "santo do pau oco": o ouro era escondido dentro de imagens da Igreja Católica para escapar dos altos impostos."

3. OS PRIVILÉGIOS E A CORRUPÇÃO DE TEMPOS PASSADOS

A partir do ano de 1808, com a chegada da família real portuguesa para as bandas de cá, acossada que estava por Napoleão Bonaparte - este conquistador teria inclusive afirmado que Dom João VI foi um dos seus piores adversários na sua dominação pelo mundo - acabou com a nossa condição de Colônia e elevou-nos ao centro do Reino Unido de Portugal e Algarves. Em termos de melhoria das condições locais foi a melhor coisa que poderia ter acontecido ao Brasil. Dom João VI criou neste período as seguintes infraestruturas e instituições: construiu estradas, cancelou a lei que não permitia a criação de fábricas no Brasil, reformou portos, criou o Banco do Brasil e instalou a Junta de Comércio. Do ponto de vista sociocultural, o Brasil também saiu ganhando com algumas outras medidas criadas neste período. Ele criou o Museu Nacional, a Biblioteca Real, a Escola Real de Artes e o Observatório Astronômico. Esta situação de boa aventurança durou somente até o ano de 1822, quando ele volta para Portugal e deixa o seu filho D. Pedro I no seu lugar.

Já neste período observava-se uma clara tendência em privilegiar alguns poucos em detrimento de uma maioria, quando Dom João VI taxou produtos Ingleses com 15% de imposto ao passo que cobrava 24% sobre os produtos dos demais países exportadores do Brasil. É claro que este pequeno favor foi uma retribuição à Inglaterra por ter feito a escolta naval da família real portuguesa, protegendo-as de possíveis ataques da esquadra francesa de Napoleão. Vamos apresentar a seguir diversas matérias jornalísticas, com indicações de referências bibliográficas completas, disponíveis na Internet através dos seus respectivos links, que retratam de maneira contundente e clara os privilégios e atos de corrupção do período colonial e império.

https://g1.globo.com/educacao/noticia/analise-historica-mostra-que-corrupcao-no-brasil-persiste-desde-o-periodo-colonial.ghtml

"Análise histórica mostra que corrupção no Brasil persiste desde o período colonial" "Como o modelo de colonização lançou as bases para a difusão da corrupção, que seguiu encontrando terreno fértil para se manter na esfera pública, alimentada pela falta de punição e pela manutenção de elites no poder. "

Por Clarissa Neher, Deutsche Welle - 12/06/2017 15h30 atualizado há um ano

"A cordialidade da elite do município de Curuzu enganou Policarpo Quaresma. No início, o personagem central da obra de Lima Barreto chegou a pensar que a intimação assinada pelo simpático presidente da Câmara era apenas uma brincadeira. Mas o documento era uma vingança. Ao se recusar a entrar no jogo da corrupção local, Policarpo se tornou alvo de represálias.

No romance de 1911, a corrupção na esfera pública não surge como fenômeno novo, mas aparece como mal característico da sociedade, o qual a República não demonstra interesse em suprir. As represálias sofridas por Policarpo escancaram o uso do patrimônio público para interesses privados.

Essa confusão tem sua origem séculos antes da publicação do romance. A ausência de distinção entre público e privado (patrimonialismo) e favorecimento de indivíduos com base nos laços familiares e de amizade (clientelismo) foram características do modelo de colonização aplicado no Brasil. "

"Desde a colônia, temos um Estado que nasce por concessão, no qual a instituição pública é usada em benefício próprio. A corrupção persiste no Brasil devido a essa estrutura de colonização" - Denise Moura, historiadora.

"A diferença em relação ao Antigo Regime era que a Coroa não concedia mais mercês que implicavam em gastos de dinheiro público. Ela usava apenas a moeda simbólica dos títulos de nobreza para premiar as pessoas." - José Murilo de Carvalho, historiador

"Os valores republicanos, sobretudo a valorização da coisa pública e sua distinção da coisa privada, até hoje não foram totalmente absorvidos no Brasil por ricos ou pobres." - José Murilo de Carvalho

"A proclamação da República implicou mudança na forma de governo, não nos valores", ressalta o historiador.

"Vários privilégios protegem os poderosos, como o foro privilegiado, a prisão especial, as múltiplas possibilidades de recurso e a capacidade de contratar advogados caros"
"Segundo Denise Moura, a impunidade, assim como a corrupção, também faz parte da cultura brasileira e impediu o combate a essas

práticas ao longo da história. A historiadora afirma que estão ocorrendo avanços nos últimos anos, mas uma verdadeira mudança ainda deve demorar para acontecer. "

https://www.em.com.br/app/noticia/politica/2017/08/13/interna_politica,891482/corrupcao-esta-enraizada-no-brasil-desde-o-periodo-colonial-revela-hi.shtml

"Corrupção está enraizada no Brasil desde o período colonial, revela historiadora"

> *"Entrevista com Adriana Romeiro: prática é fruto de uma elite que se perpetua no poder para se enriquecer sem escrúpulo"*
>
> ***Flávia Ayer . Postado em 13/08/2017 07:40 / atualizado em 13/08/2017 08:07***

"A corrupção que assola a política nacional e indigna os brasileiros está atracada no país desde os tempos do Brasil colônia. E os mesmos estratagemas usados pela elite colonial persistem até hoje nas práticas ilícitas daqueles que se dizem representantes do povo. As constatações integram um trabalho inédito no país, em que a historiadora Adriana Romeiro vasculhou documentos em arquivos e bibliotecas do Brasil, Portugal e Espanha para investigar a corrupção praticada por aqui, entre os séculos 16 e 18. O resultado é o livro Corrupção e poder no Brasil: uma história, séculos XVI a XVIII"

"Havia, então, um interesse da Coroa portuguesa em manter a corrupção no Brasil? *Pela corrupção, nossas elites puderam* *de alguma forma garantir os interesses econômicos e políticos e participar do jogo político e do processo de colonização. Através de tretas e manhas, homens comuns ascenderam socialmente e adentraram as elites. Foi isso que deu flexibilidade ao império português, fazendo com que ele durasse tantos anos. Se a política da Coroa fosse implantada de forma inflexível, muito rígida, o Império não teria resistido. A corrupção teve efeito benéfico e positivo para Portugal e, por isso, essa tolerância da Coroa em relação às práticas ilícitas das nossas elites. "*

*"**Mas não se trata de um fenômeno exclusivo do Brasil...**A corrupção é um problema do mundo todo, mas, no Brasil, em razão do nosso passado colonial, isso é mais forte. O contexto colonial exigiu que os brasileiros de modo geral soubessem desenvolver estratégias e artifícios para burlar o pacto colonial. As nossas elites passaram a perna nos portugueses. Havia esse divórcio entre a sociedade e o Estado, que só aparecia para cobrar impostos e barrar toda a iniciativa privada. A classe política reflete a mentalidade que está aí desde o século 16. Da mesma forma, no passado, a corrupção só pôde existir porque estava disseminada na sociedade. Acredito que as pessoas hoje estão muito mais exigentes e vão desenvolver uma intolerância às práticas corruptas. "*

http://www.contracorrupcao.org/2013/10/breve-historia-da-corrupcao-no-brasil.html

"Breve história da corrupção no Brasil

Profa. Dra. Rita Biason
Departamento de Relações Internacionais
UNESP - Campus Franca

Os primeiros registros de práticas de ilegalidade no Brasil, que temos registro, datam do século XVI no período da colonização portuguesa. O caso mais freqüente era de funcionários públicos, encarregados de fiscalizar o contrabando e outras transgressões contra a coroa portuguesa e ao invés de cumprirem suas funções, acabavam praticando o comércio ilegal de produtos brasileiros como pau-brasil, especiarias, tabaco, ouro e diamante. Cabe ressaltar que tais produtos somente poderiam ser comercializados com autorização especial do rei, mas acabavam nas mãos dos contrabandistas. Portugal por sua vez se furtava em resolver os assuntos ligados ao contrabando e a propina, pois estava mais interessado em manter os rendimentos significativos da camada aristocrática do que alimentar um sistema de empreendimentos produtivos através do controle dessas práticas. "

https://www20.opovo.com.br/app/opovo/dom/2015/03/21/noticias jornaldom,3410687/a-corrupcao-no-brasil-antes-da-republica.shtml

"A corrupção no Brasil antes da República

Desde os primórdios da exploração econômica na colônia, há registros de desvios e proveitos ilícitos envolvendo funcionários da Coroa portuguesa. "

"A corrupção envolvia favorecimento ao contrabando, mediante propinas, fraudes nas primeiras eleições, suborno, sonegação, favorecimento a aliados políticos. "

"CAIXINHA" *"Durante a permanência de dom João no Brasil, difundiu-se a prática do pagamento de "caixinha" nas concorrências e remuneração por serviços públicos. Estima-se que era* *cobrada comissão de 17% para que os pagamentos públicos fossem realizados a quem prestava alguma forma de serviço estatal. Se não, os processos não andavam e os pagamentos não saiam. "À corrupção medrava escandalosa", narrou o historiador Oliveira Lima."*

Esperamos ter dado uma ideia clara de como a corrupção e os privilégios, desde os tempos iniciais que compõem o passado do Brasil, demonstrado através de diversos estudos de historiadores conceituados, sempre estiveram presentes na sua história de nação. Desejamos, verdadeiramente, que consigamos modificar este estigma nefasto que marcou a nossa história e continua a nos assombrar nos dias atuais. O que torna difícil para qualquer analista especialista, interessado em sugerir formas de combater a corrupção ou diminuí-la a patamares aceitáveis, é saber em que grau os privilégios influenciam a corrupção ou a sua variante mais dura e brutal, a criminalidade. A nosso ver será necessário, minimamente, reverter todo o processo educacional existente atualmente nas escolas de ensino fundamental e básico. Não será uma tarefa média nem grande, mas de proporções gigantescas. Deverão ser ensinados para os jovens brasileiros, futuros dirigentes e cidadãos em geral, a importância do cumprimento às leis, o valor do trabalho honesto e o amor ao próximo e à sua pátria.

Paralelamente ao ensino fundamental de princípios éticos e virtuosos para a nossa juventude, será necessário desarmar esta grande "bomba relógio" que faz com que o Brasil permaneça sempre como o "gigante adormecido". Entorpecido por uma burocracia paralisante, privilégios sem conta para "amigos do rei", permissividade da criminalidade na certeza da impunidade, seja ela cometida contra indivíduos ou contra o Estado. E, principalmente, precisamos extirpar do tecido da nossa sociedade este câncer que estamos denominando de **Corporativismo Colonialista**. Sem estas ações básicas, potenciais promotoras de inúmeras outras que virão atreladas ao objetivo comum de alcançar o sucesso nacional, nada mais será possível realizar para dar um basta final nesta ciranda em que nos metemos desde o descobrimento das Terras de Santa Cruz em 1500, por Pedro Álvares Cabral. Consideramos como princípios fundamentais, norteadores de uma sociedade menos corrupta e injusta como a brasileira, os seguintes: honestidade pessoal, senso de bem-estar comum, altruísmo e respeito à vida e amor ao próximo.

4. OS PRIVILÉGIOS DOS TEMPOS ATUAIS

A seguir alguns links incluindo matérias jornalísticas com demonstrações cabais dos altíssimos salários de desembargadores, juízes, eminências pardas e uma série de outros absurdos gerados pelo que estamos chamando de **Corporativismo Colonialista.** Ele nada tem de relação direta com a corrupção em si, pois é fruto de maquinações legais da Constituição vigente e outros dispositivos jurídicos/administrativos criados para incorporar "penduricalhos" aos já "gordos e dilatados" salários.

https://istoe.com.br/o-pais-dos-privilegios/

Ary Filgueira, Igor Costa Gomes e Raul Montenegro

18/11/16 - 18h00 - Atualizado em 03/04/17 - 16h16

"O País dos privilégios

Quem são os servidores públicos que ostentam supersalários e aposentadorias milionárias e custam ao País R$ 20 bilhões por ano. "

"A dentista Márcia Maria Brandão Couto, de 55 anos, leva uma vida confortável no Rio de Janeiro. Independentemente do que possa faturar com sua profissão, ela recebe dos cofres públicos uma remuneração fixa de R$ 43 mil mensais, mesmo sem nunca ter trabalhado no governo. Trata-se de uma pensão a que tem direito simplesmente porque é filha de um desembargador, falecido em 1982. Como Márcia não se casou, ela passou a receber o pecúlio que era de seu pai. Não constituiu matrimônio apenas no papel. Na prática, a dentista comemorou núpcias com direito a véu e grinalda em uma festa na Urca para 200 pessoas. Ou seja, ela pode ter marido, viver na mesma casa que o companheiro e constituir família,

desde que não registre a união em cartório. Como ela, encontram-se no Brasil outras 20 mil mulheres já identificadas pelo TCU, isso apenas no Judiciário, sem contar os casos em que a benesse favorece filhas e até netas de militares, que também têm direito a pensão vitalícia se não se casarem de "papel passado". No caso de um militar que tenha uma filha em 2016, por exemplo, o País pode ter de pagar a ela esse benefício até 2091, caso ela viva 75 anos – a expectativa de vida média dos brasileiros. "

"Os supersalários custam ao País R$ 20 bilhões por ano. Compõem os vencimentos de integrantes da primeira classe do Judiciário penduricalhos injustificáveis como auxílio-moradia para quem inclusive já possui imóvel próprio, carro com motorista, cota de gasolina, auxílio alimentação, de transporte, plano de saúde, pagamento da escola particular para o filho, dinheiro para a compra de livros e computadores, pagamento de até 5 salários mínimos para quem adota uma criança, extras para quem dá aulas, além de aposentadorias vultosas e mais uma infinidade de benesses inalcançáveis ao cidadão comum. Com a incorporação de mordomias como essas ao salário, os desembargadores Osvaldo Moacir Alvarez e José Morschbacher, Tribunal Regional Federal, da 4ª Região (TRF-4), receberam mais de R$ 200 mil em abril de 2015. "

http://dagobah.com.br/os-varios-privilegios-dos-agentes-publicos-no-brasil/

"Os vários privilégios dos agentes públicos no Brasil

por Augusto de Franco 07/02/2018, 21:21

"Fala-se muito de acabar com os privilégios dos políticos, sobretudo com o chamado foro privilegiado. Está correto. Mas é necessário

ver quais são realmente os privilégios de que gozam os agentes do Estado no Brasil.

Os democratas devemos nos postar contra todos os privilégios. Vejamos quais são esses privilégios.

1) FORO PRIVILEGIADO *(não apenas de parlamentares, mas de executivos governamentais, do judiciário e do ministério público)*

Saiba quem tem foro privilegiado no Brasil*. Existem 54.990 pessoas usufruindo dessa condição (ou protegidas por foro especial por prerrogativa de função). Não, a maioria das autoridades que têm tal privilégio não é composta pelos odiados "políticos" (parlamentares e executivos governamentais) e sim por juízes e procuradores.*

2) APOSENTADORIA PRIVILEGIADA *(de agentes públicos)*

Agentes públicos têm aposentadoria privilegiada em relação à imensa maioria dos trabalhadores.

Uma pessoa do setor privado que se aposenta por idade, aos 65 anos, tendo trabalhado toda a vida e muitas vezes no setor informal, recebe um benefício médio de R$ 1.197,44, segundo o Boletim Estatístico de Previdência Social. Um trabalhador do setor privado que se aposente por tempo de contribuição, ou seja, 30 anos para mulheres e 35 anos para homens, recebe um benefício médio de R$ 2.303,80, de acordo com o mesmo Boletim.

Já um servidor público do Poder Executivo, ao se aposentar, recebe em média um benefício de R$ 7.458, segundo o Boletim Estatístico de Pessoal do Ministério do Planejamento. Ao entrar para a reserva, os militares das Forças Armadas recebem um valor médio de R$ 9.446, conforme dados da mesma fonte.

Os servidores do Ministério Público Federal, segundo o Boletim Estatístico de Pessoal do Ministério do Planejamento, recebem, em média, R$ 17.904 ao se aposentarem. Já um aposentado do Judiciário recebe em média um benefício de R$ 25.700, também segundo o Boletim Estatístico de Pessoal do Ministério do Planejamento.

Em média, um servidor do Legislativo recebe R$ 28.587, segundo o Boletim Estatístico de Pessoal do Ministério do Planejamento.

O valor pago aos aposentados do setor público é muito superior ao que recebe quem trabalhou na iniciativa privada. "

https://oglobo.globo.com/brasil/uniao-gastara-38-bi-com-pagamento-de-pensoes-vitalicias-filhas-de-militares-este-ano-17566422

"União gastará R$ 3,8 bi com pagamento de pensões vitalícias a filhas de militares este ano

Há 185.326 beneficiárias na Marinha, no Exército e na Aeronáutica, que equivalem a 27,7% do total de pensionistas

Geralda Doca e Leticia Fernandes *22/09/2015 - 06:00 / Atualizado em 22/09/2015 - 18:41"*

"RIO e BRASÍLIA - Benefícios vitalícios, caros aos cofres da União e que vão durar até o fim do século. Esse é o caso de pensões a filhas de militares e servidores civis, privilégios que permanecem intocados em um país que enfrenta uma crise econômica aguda. Segundo dados do Ministério da Defesa enviados à Comissão de Orçamento, há 185.326 beneficiárias nas três Forças – Marinha, Exército e Aeronáutica –, que equivalem a 27,7% do total de pensionistas e 36,25% do efetivo de militares. O gasto estimado com essas pensões em 2015 chega a R$ 3,8 bilhões, num regime de aposentadoria deficitário e que tem rombo projetado de R$ 11 bilhões para este ano. De acordo com o documento "Avaliação Atuarial das Pensões dos Militares", o resultado negativo vai perdurar por 75 anos. "

"O benefício da pensão vitalícia para filhas de militares foi extinto em 2000 para servidores admitidos a partir daquela data, mas quem já integrava o quadro das Forças Armadas pode optar pelo pagamento de um adicional de 1,5% na contribuição previdenciária para manter o privilégio. Assim, o regime será deficitário até 2080. O déficit deverá chegar naquele ano a cerca de R$ 7,5 bilhões, estima o governo. "

"As pensões no regime geral de Previdência Social também são vantajosas. O Brasil é um dos poucos países onde a pensão ao herdeiro é integral (igual ao valor recebido pelo segurado quando vivo). No ajuste fiscal do começo do ano, o ministro da Fazenda, Joaquim Levy, tentou mudar a fórmula de cálculo – o valor cairia pela metade, mais 10% por dependente, incluindo o viúvo ou viúva. No entanto, o próprio relator da medida provisória, deputado Carlos Zarattini (PT-SP), mudou o texto proposto pelo governo e reduziu a economia prevista. "

" – O governo tem que parar de desfazer com a mão esquerda, de noite, o que ele faz com a mão direita de dia. O problema do ministro da Fazenda é que ele está dormindo com o inimigo – disse o economista Fábio Giambiagi, referindo-se à atitude do relator, deputado da base aliada. "

Os cofres estaduais também desembolsam vultosas quantias para herdeiras de funcionários públicos civis e militares. Até dezembro de 1992, quando o benefício às filhas de civis deixou de ser pago, bastava que a mulher fosse maior de idade e não se casasse para ter direito a receber. Hoje, em São Paulo, constam na folha de pagamento da São Paulo Previdência (Spprev) 17.690 pensionistas civis e 10.780 pensionistas militares recebendo o benefício enquanto se mantiverem solteiras. Só em 2014, foram gastos R$ 784,5 milhões com esses pagamentos, sendo R$ 416,5 milhões a herdeiras de civis, e R$ 368 milhões a herdeiras de militares.

https://exame.abril.com.br/economia/nove-mil-recebem-acima-do-teto-da-previdencia/

"Nove mil recebem acima do teto da Previdência

O maior valor é de uma pensão por morte paga no Rio de Janeiro a um dependente de ex-combatente, que recebeu em outubro benefício de R$ 75.943

Por Estadão Conteúdo

access_time 11 dez 2016, 12h20

Por Murilo Rodrigues Alves"

"Brasília – O Instituto Nacional do Seguro Social (INSS) paga atualmente benefícios acima do teto de R$ 5.189,82 para mais de 9 mil segurados. O maior valor é de uma pensão por morte paga no Rio de Janeiro a um dependente de ex-combatente, que recebeu em outubro benefício de R$ 75.943, o correspondente a 80 salários mínimos.

Quem participou "efetivamente" da 2.ª Guerra Mundial tem direito a aposentadorias excepcionais, previstas em leis específicas que garantem reajuste com base nos rendimentos devidos como se o ex-combatente estivesse em atividade.

No caso de falecimento, o benefício passa para os dependentes – cônjuge, filho menor de 21 anos ou inválido, pais, irmão não emancipado.

A maior parte dos benefícios com valor superior ao teto previdenciário é paga a ex-combatentes, anistiados e aeronautas, com base em legislações que não estão mais em vigor.

O segundo maior benefício do INSS é para um anistiado, que também mora no Rio de Janeiro. Ele ganhou em outubro R$ 46.803, o que daria para pagar 53 benefícios de um salário mínimo. A aposentadoria excepcional para anistiados políticos tem previsão constitucional que assegura "promoções" na inatividade para quem foi atingido por motivação exclusivamente política.

Hoje, não é possível mais se aposentar acima do teto, mas esses benefícios continuam sendo pagos. "O INSS também tem a mesma posição do restante da sociedade: são absurdos, distorções, mas que, infelizmente, têm vinculação legal", diz o chefe do órgão, Leonardo

Gadelha. "Não podemos fazer nada", completou. Rolim diz que 2 mil desses 9 mil beneficiários receberam acima do teto em outubro por questões sazonais e que o restante ganha permanente valor superior a R$ 5 mil.

Para ele, o mais "impressionante" é que esse tipo de benefício não respeita nem mesmo o teto do funcionalismo, de R$ 33.763, salário de um ministro do Supremo Tribunal Federal (STF). Pelos dados do instituto, uma centena recebe acima desse valor todo mês. "

Como se pode constatar pelas matérias jornalísticas aqui apresentadas, e que devem ser lidas na íntegra pelo leitor interessado, uma vez que escolhemos apenas alguns trechos mais evidentes e esclarecedores, já se pode deduzir por onde o dinheiro público escoa com maior fluidez. Não estamos reinventando a roda com esta matéria investigativa a que nos propusemos fazer. Uma grande parcela da nossa população esclarecida já tem acesso e conhecimento destes números de forma isolada e parcial por áreas específicas da administração pública. A nossa proposta é responder à seguinte pergunta, mais uma vez repetindo o nosso mantra - **Quem dá mais prejuízo ao Brasil?** Apresentando estes números de forma clara e dentro de um mesmo arranjo geral, para que as pessoas conscientes e preocupadas com o destino da nação tomem conhecimento desta realidade inescapável até o presente momento.

E, diante deste conhecimento, tomar as medidas necessárias para começar a "consertar" este país, tendo como meta possibilitar uma vida melhor para as gerações futuras. Podemos e devemos não nos deixar ser mais enganados pelo falso conceito, amplamente disseminado pela mídia e formadores de opinião, de que a corrupção é o grande mal do nosso país. Que com a sua simples extirpação teremos resolvido todos os nossos problemas para criar uma nação forte e justa.

Vamos aproveitar o momento atual que estamos vivendo, passando a limpo a nossa questão da corrupção e criminalidade, com o exemplo do "carro-chefe", a Operação Lava Jato, para discutir, sim, tetos salariais do funcionalismo público absurdamente alto. Salários e benefícios totalmente incompatíveis com o Índice de Desenvolvimento Humano do Brasil -IDH-, apresentando aposentadorias milionárias e integrais para o beneficiado e seus descendentes. Vamos discutir as indenizações e pensões pagas a anistiados civis e militares, bem como das viúvas destes e suas filhas, eternas solteiras. Não podemos mais nos eximir de encarar estas discrepâncias, achando que são valores pequenos e não afetam a vida geral da população, uma vez que só os analisamos de forma separada, desconhecendo o conjunto como um todo. No transcorrer deste trabalho estes números serão expostos de maneira didática e clara para melhor visualização do que estamos nos propondo a apresentar.

Para ficar mais fácil a identificação dos privilégios atuais que o **Corporativismo Colonialista** engendrou nestas últimas décadas, na forma de salários, pensões vitalícias, reparação por perseguição política e benefícios diretos e indiretos, é necessário relaciona-los. Para serem discutidos, readequados e posteriormente modificados e/ou eliminados das folhas de pagamento do Estado nas esferas Federal, Estadual e Municipal, fornecemos a seguir uma relação básica dos mesmos. Óbvio que alguns privilégios, absurdamente exagerados, existentes até recentemente na estrutura governamental do país, já foram alvo de revisões com a sua consequente diminuição ou eliminação completa. Por esta razão alguns itens desta relação já podem estar extintos ou em vias de modificação quando este trabalho for publicado em forma de livro. Porém os direitos adquiridos em função de privilégios absurdos, mesmo que atualmente extintos, perdurarão por algumas décadas ainda. Eles serão como uma *sangria* contínua aos cofres públicos até que os seus beneficiados morram ou, patrioticamente, abram mão dos mesmos.

RELAÇÃO DE PRIVILÉGIOS A SEREM READEQUADOS E/OU ELIMINADOS

Item	Descrição	Tipo Reforma	Esfera
01	Teto Salarial do Funcionalismo Público	Previdência	Fed/Est/Mun
02	Teto salarial dos Políticos	Política	Fed/Est/Mun
03	Aposentadoria Privilegiada de Funcionários Público e Militares	Previdência	Fed/Est/Mun
04	Aposentadoria Privilegiada de Políticos	Política	Fed/Est/Mun
05	Foro Privilegiado	Política	Fed/Est/Mun

Ítem	Descrição	Tipo Reforma	Esfera
06	Férias Privilegiada de Funcionários Públicos	Previdência	Fed/Est/Mun
07	Situação Funcional Privilegiada	Política	Fed/Est/Mun
08	Moradia Funcional	Política	Fed/Est/Mun
09	Assessores	Política	Fed/Est/Mun
10	Verbas de Gabinetes	Política	Fed/Est/Mun
11	Carros Oficiais	Política	Fed/Est/Mun
12	Passagens Aéreas	Política	Fed/Est/Mun
13	Alimentação	Política	Fed/Est/Mun
14	Transportes Interno	Política	Fed/Est/Mun
15	Aposentadoria Ex Pracinha 2 GM	Previdência	Federal
16	Pensão Filha de Militares	Previdência	Fed/Est/Mun
17	Pensão e indenizações de Anistiados Civis 1964	Previdência	Federal
18	Pensão e indenizações de Anistiados Militares 1964	Previdência	Federal
19	Cartão Corporativo	Política	Fed/Est/Mun

Somente uma ação firme e comprometida com a eliminação completa de privilégios dignos de uma Colônia Ocidental do século XVI, chamada Brasil, poderá surtir algum efeito em prol das gerações futuras. Principalmente porque não vislumbramos nenhuma saída eficaz para o momento atual enquanto perdurar na sociedade brasileira a mentalidade, ou o senso comum, de que o Estado deve ser o principal provedor das suas necessidades. Aqui não cabe mais a discussão sobre qual tendência partidária deverá ser o governo a realizar as reformas políticas e sociais necessárias. Tivemos mostras cabais, nestas três décadas e meia de governo socialista que governaram o país desde a saída pacífica dos militares, o quanto se investiu no crescimento do **Corporativismo Colonialista**. Desde o início da Guerra Fria, em 1946, com o mundo dividido entre as duas principais forças bélicas do mundo - uma Capitalista e a outra Comunista fomos cooptados mais fortemente pelas da esquerda. Se a própria "Meca do Capitalismo", EUA, foi invadida neste período pelas forças do Comunismo - através da imprensa, intelectualidade e artes - (conseguiram até furtar o segredo da Bomba Atômica), por que nós, uma pobre república da América Latina não seríamos empurrados mais fortemente para o lado da União Soviética? Eles foram tão competentes em disseminar o comunismo no mundo que conseguiram plantar um modelo completo a menos de 60 km de distância do extremo sul dos EUA: Cuba! Então podemos nos sentir um pouco mais aliviados porque somente fomos contaminados mais fortemente pelo vírus do **Corporativismo Colonialista**, alimentado pela ideologia comunista, a partir da década de 60. Tendo, inclusive, sido nutrido e bem alimentado durante o Regime Militar no Brasil, sem que os generais da época se apercebessem do que estava sendo urdido dentro da nossa *Intelligentsia*.

5. OS NÚMEROS DO PREJUÍZO COM A CORRUPÇÃO ENDÊMICA NO BRASIL

Este capítulo destina-se a apresentar a corrupção endêmica ocorrida no Brasil, basicamente registrada a partir da década de 1960, chegando até a década de 2010, próximo aos dias atuais. São apresentados os números de forma fria, sem julgamento do mérito ou demérito de quem quer que seja: pessoa física, jurídica, político individual ou partido político. Não estamos buscando achar culpados de qualquer natureza nesta altura dos nossos trabalhos, mas tão somente quantificar e registrar como este flagelo, de características muito humanas e não somente nacionais, vem tomando conta do Brasil e do mundo de uma forma geral.

Acreditamos que muito desta sensação que se tem de que a corrupção no mundo só cresce, ao invés de diminuir, deve-se ao fato de que a imprensa e os meios de comunicação, cada dia mais invasivos e eficientes, tornaram o dia-a-dia do cidadão comum uma verdadeira aldeia global de más notícias. Isto torna a sensação da existência da corrupção, para o cidadão de hoje, bem maior do que há 200 anos. Quando, de fato, sabemos que ela diminui de lá para cá à medida que a sociedade, como um todo, vem se tornando mais justa e melhor de se viver, comparativamente ao período de 2 séculos atrás. Pesquisadores científicos sociais já se debruçaram sobre esta questão, realizaram estudos completos e encontraram esta realidade: - vive-se mais e melhor nos dias atuais. Apesar de toda a parafernália tecnológica, muitas vezes escravizante, que nos leva a labirintos neurotizantes irreversíveis, vive-se mais e melhor hoje do que fugindo de bestas feras em cavernas ou galhos finos de árvores altas há 30 mil anos. Portanto não há que se reclamar do avanço tecnológico, com o seu desenvolvimento desenfreado nos últimos 100 anos, só porque hoje somos massacrados pelas piores notícias produzidas pelo mau caráter humano, entrando através dos nossos olhos e ouvidos incessantemente.

Cabe-nos comentar que as matérias jornalísticas de terceiros, aqui postadas com os devidos créditos aos seus autores, são de inteira responsabilidade dos mesmos no que tange à fidedignidade da informação e ao sigilo da fonte da mesma. Os números apresentados por diversos jornalistas pesquisadores, relativos a valores monetários desviados/roubados, variam substancialmente para um mesmo caso de corrupção: por exemplo, o Escândalo do BANESTADO. Algumas fontes fornecem o valor de desvio de R$ 30 bilhões de reais, enquanto outras sustentam o valor de R$ 124 bilhões. Outro caso ainda mais dramático, em termos de valores de cifras desviadas, é o Petrolão, que corre atualmente na justiça e tem o seu valor de numerário desviado ainda totalmente em aberto. A título de melhor esclarecimento listamos a seguir os 10 casos de corrupção mais relevantes da história contemporânea do Brasil, em termos de valores desviados. Estes aqui relatados e outros correlatos são apresentados com mais detalhes nas suas respectivas fontes de origem, na forma de reportagens completas, através dos links da Internet aqui fornecidos. No quadro que segue, a primeira coluna de valor monetário se refere à fonte SPOTNIK e a segunda coluna à matéria da revista SUPERINTERESSANTE. Observem que as disparidades entre os valores encontrados para os maiores casos de corrupção no Brasil, por fontes de pesquisa diferentes, podem chegar até a 300%, como no Caso do BANESTADO. Como poderemos confiar em números tão díspares sem desconfiar que todos podem estar subavaliados ou mesmo superestimados? Isto leva-nos crer que os desvios devidos à corrupção podem ser maiores ainda do que os repórteres investigativos conseguem obter de fontes governamentais e independentes.

OS 10 MAIORES CASOS DE CORRUPÇÃO DA HISTÓRIA RECENTE DO BRASIL

Item	Ordem	Nome do caso	Período	Valor (R$) (Sputnik)	Valor (R$) (Superint.)
1	10	Anões do Orçamento	80/90	800 Mi.	800 Mi
2	9	Navalha na Carne	2007	1,06 Bi.	610 Mi
3	8	Juiz Lalau e TRT/SP	92/98	2,0 Bi.	923 Mi
4	7	Jorgina de Freitas/ INSS	1991	2,0 Bi	
5	6	Fundo de Pensão	2015	3,0 Bi.	
6	5	Banco MARKA	1999	3,7 Bi.	1,8 Bi
7	4	Vampiros da Saúde	90/04	4,08 Bi.	2,4 Bi
8	3	Zelotes	2015	19,0 Bi.	
9	2	BANESTADO	1996	30,0 Bi.	124,0 Bi
10	1	Operação Lava Jato	2014- ??	42,8 Bi.	88,8 Bi

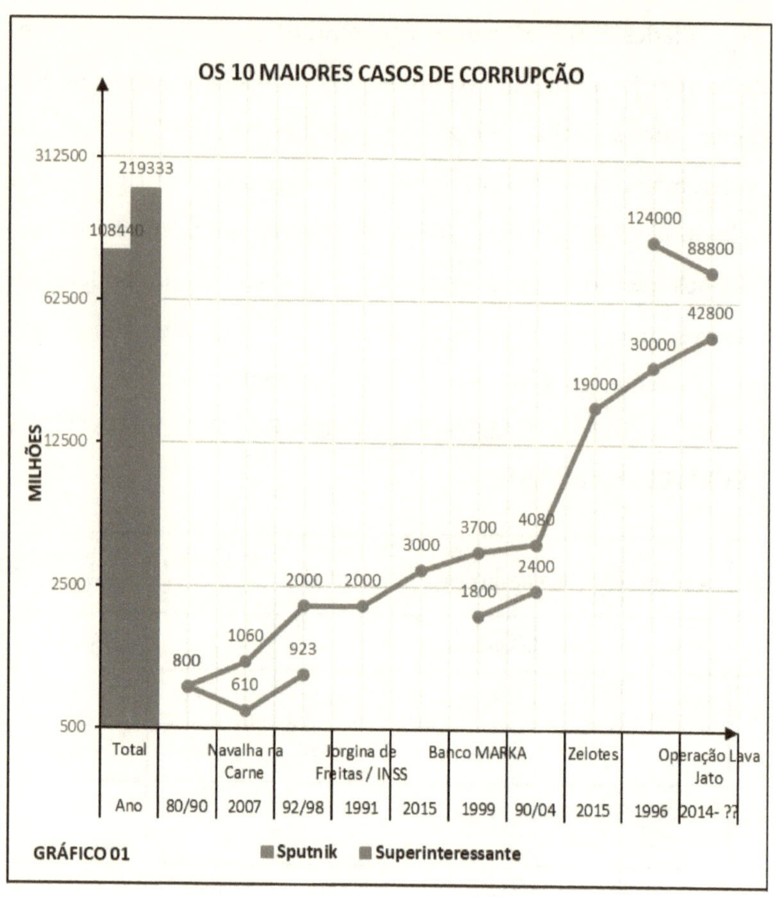

https://spotniks.com/os-10-maiores-casos-de-corrupcao-da-historia-do-brasil/

Os 10 maiores casos de corrupção da história do Brasil

por Felippe Hermes há 3 anos

"Entender por que determinados países se desenvolvem e outros não tem sido até aqui um grande desafio para a humanidade. Para muitos autores que se aventuram a dar respostas a esta pergunta, a solução parece estar em uma palavra simples: instituições. Como lidamos

e organizamos as instituições que nos cercam explica, segundo eles, boa parte dos nossos dilemas.

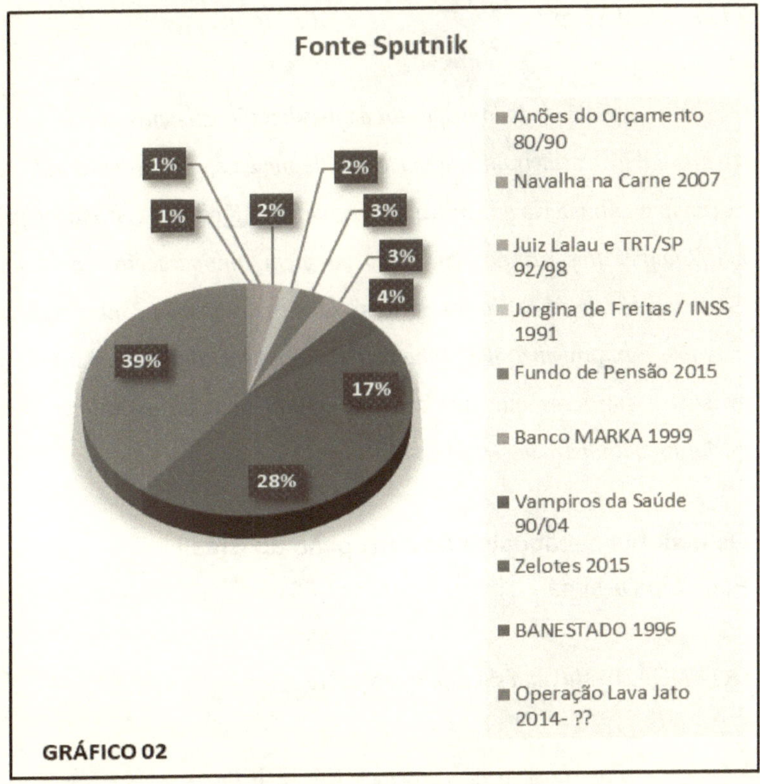

GRÁFICO 02

https://super.abril.com.br/mundo-estranho/os-maiores-escandalos-de-corrupcao-do-brasil/

Quer um exemplo? Imagine qualquer instituição que receba verbas do governo para funcionar. Pode ser um sindicato, alguma entidade estudantil, um partido político ou mesmo uma associação de bairro. Em seguida, procure uma prestação de contas desta entidade detalhando onde os recursos foram aplicados. Quando você se der conta que nem mesmo os partidos políticos brasileiros, tão fiscalizados por tribunais de contas, conseguem explicar onde gastam suas verbas, você verá um exemplo claro de que a falta de zelo com o dinheiro público não se dá apenas com aquele político notoriamente corrupto, mas está enraizada a fundo no nosso país.

Apesar de todo o aparato de fiscalização existente, ainda somos surpreendidos rotineiramente por casos de mau uso do dinheiro público. Segundo o Ministério da Cultura, cerca de R$ 3,8 bilhões concedidos pela Lei Rouanet nos últimos anos não possuem um paradeiro conhecido. Como perder de vista tantos bilhões? O ministério não soube explicar, mas não é improvável que tenha contado também com a má vontade de artistas e empresas que não acharam muito necessário explicar como gastaram o dinheiro que receberam. "

Os maiores escândalos de corrupção do Brasil

Por Cláudia Lima - access_time4 jul 2018, 20h20 - Publicado em 24 fev 2012, 22h04

(ATENÇÃO: esta matéria é de março/2012

*"Por causa dela, perdemos **R$ 12 bilhões** em investimentos privados em 2011 – o equivalente a R$ 1,2 mil pagos anualmente **por cada** trabalhador brasileiro. Conheça os casos mais notórios dos últimos 20 anos**

"4. Cadê o fórum?

***CASO:** TRT de São Paulo*

***ROMBO:** R$ 923 milhões*

***QUANDO**: De 1992 a 1999*

***ONDE:** Tribunal Regional do Trabalho de São Paulo"*

"O Grupo OK, do ex-senador Luiz Estevão, perdeu a licitação para a construção do Fórum Trabalhista de São Paulo. A vencedora, Incal Alumínio, deu os direitos para o empresário Fabio Monteiro de Barros. Mas uma investigação mostrou que Fabio repassava milhões para o Grupo OK, com aval de Nicolau dos Santos Neto, o Lalau, ex-presidente do TRT-SP."

**Valores estimados e atualizados pela inflação*

***Fontes:** Andre Carraro, professor do departamento de economia da Universidade Federal de Pelotas e especialista em corrupção, Museu da Corrupção, Controladoria-Geral da União, ONG Transparência Brasil, site Consultor Jurídico, Folha de S.Paulo e O Estado de S.Paulo*

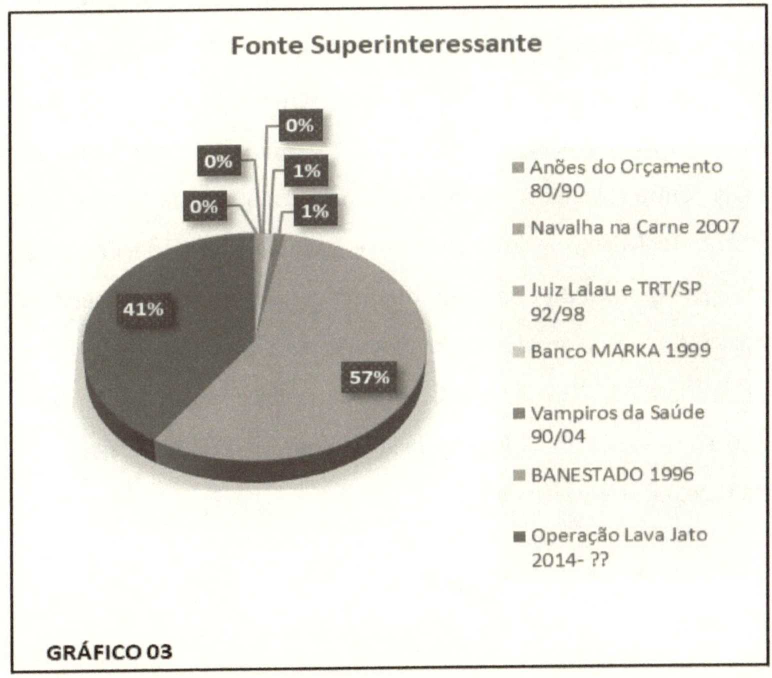

GRÁFICO 03

https://pt.wikipedia.org/wiki/Lista_de_esc%C3%A2ndalos_pol%C3%ADticos_no_Brasil

A listagem da Wikipédia, a seguir, relaciona Escândalos e Casos brasileiros de Corrupção por década, iniciando pelos anos 60 e finalizando na década de 2000, no ano de 2010. Quem entrar nesta matéria para verificar quais são os casos e escândalos que mais marcaram as respectivas décadas poderá observar um crescimento exponencial na quantidade dos mesmos. Podemos concluir, em uma primeira análise superficial, que isto se deve ao fato dos anos 60, 70 e parte de 80 estarem sob o jugo do Regime Militar, com forte controle da imprensa, com consequente abafamento dos escândalos. Outra razão, sem dúvida alguma, e talvez a mais importante, se deve em grande parte à atuação mais intensa da Policial Federal e do Ministério Público Federal. Claro está que estas ações são devidas ao desenvolvimento do processo democrático, reiniciado a partir de 1985. Cada década se firma com mais contundência, se insinuando como uma realidade concreta e irreversível de uma sociedade mais aberta, que cuida de si com maior responsabilidade individual de cada brasileiro. Observa-se, nos dados relacionados nesta matéria, um aumento de 377% na quantidade de "Casos de Corrupção e Escândalos da Década" entre os anos 60 até a década de 2010, conforme pode ser conferido na tabela fornecida a seguir.

LISTA DA QUANTIDADE DE CASOS DE CORRUPÇÃO E ESCÂNDALOS POR DÉCADA NO BRASIL

Item	Década	Número de Casos	Aumento Percentual (%)
1	1960	8	
2	1970	18	125
3	1980	17	-
4	1990	30	76
5	2000	64	113
6	2010	104	63
Total do Acréscimo			377

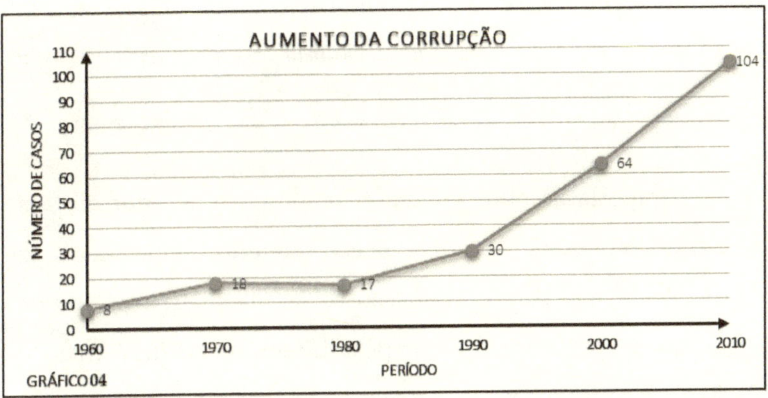

GRÁFICO 04

https://pt.wikipedia.org/wiki/Corrup%C3%A7%C3%A3o_no_Brasil

*"A **corrupção no Brasil** afeta diretamente o bem-estar dos cidadãos ao diminuir os investimentos públicos na saúde, na educação, em infraestrutura, segurança, habitação, entre outros direitos essenciais à vida, e fere a Constituição ao ampliar a exclusão social e a desigualdade*

econômica.[1] *Geralmente, a corrupção ocorre por meio de recursos dos orçamentos públicos da União, dos Estados e dos Municípios destinados à saúde, à educação, à previdência e a programas sociais e de infraestrutura, que são desviados para financiar campanhas eleitorais, corromper funcionários públicos, ou mesmo para contas bancárias pessoais no exterior.*

Estudos da Fundação Getúlio Vargas (FGV) de 2009 estimam que economia brasileira perde com a corrupção, todos os anos, de um a quatro por cento do Produto Interno Bruto (PIB), o equivalente a um valor superior a 30 bilhões de reais.[2] *No ano seguinte, um estudo da Federação das Indústrias do Estado de São Paulo (Fiesp) apontou que o custo anual da corrupção no país é de 1,38 por cento a 2,3 por cento do PIB.*[3] *Em 2013, um estudo da Confederação Nacional da Indústria (CNI) mostrou que cada um real desviado pela corrupção representa um dano para a economia e para a sociedade de três reais.*[4]

Importante observar que a reportagem anterior destaca que a perda monetária para a corrupção, em termos percentuais do PIB, calculada pela Fundação Getúlio Vargas difere substancialmente do apresentado pela Federação das Indústrias do Estado de São Paulo e pela Confederação Nacional da Indústria. A discrepância chega à casa dos 300%, quando a própria FGV assume que as perdas podem variar de 1 a 4% do PIB. Deduzimos mais uma vez que os valores surrupiados pela **Corrupção Endêmica**, no Brasil, têm dois importantes aspectos a se considerar. O primeiro deles é que não há um conhecimento real da quantidade de dinheiro que se esvai pelas artérias da corrupção. O segundo, a nosso ver o mais relevante, e a principal razão para a publicação deste livro, é que ele é significativamente menor do que o gasto com as despesas ligadas umbilicalmente ao **Corporativismo Colonialista**. Só o que se gasta para manter supersalários e aposentadorias integrais do funcionalismo público, entre outras mazelas legais, que serão exaustivamente colocadas aqui, pode chegar a representar mais de 30% do PIB. Entendem agora o "porque" de todo este trabalho?

https://www.ufrgs.br/sicp/wp-content/uploads/2015/09/GOMES-Jos%C3%A9.pdf

"OS BRASILEIROS FRENTE À CORRUPÇÃO: Um estudo sobre comportamento político José Vitor Lemes Gomes1

RESUMO. Esse estudo consiste na análise do comportamento político dos brasileiros frente à corrupção na política. Tomamos as Leis de iniciativa popular voltadas para o combate da corrupção eleitoral (Leis 9840/99 e 135/10, a Lei da Ficha Limpa) como evidência empírica de que existe, no Brasil de hoje, pelo menos, dois tipos de comportamento frente à corrupção: o comportamento pró corrupção e o comportamento anticorrupção. Construímos dois tipos ideais através dos quais avaliamos quais fatores estão associados a cada tipo de comportamento. PALAVRAS-CHAVE: Corrupção, Comportamento Político, Cultura Política, Escolha Racional. "

Interessante estudo sobre o comportamento do brasileiro frente à corrupção. Recomendamos para quem gosta do assunto.

6. OS NÚMEROS DO PREJUÍZO COMPUTADOS PELA LAVA-JATO

A Operação Lava Jato, talvez o maior levantamento de casos de corrupção já identificado no Brasil, investigada por uma força-tarefa onde se uniram Polícia Federal e o Ministério Público Federal, teve o início do seu processo em 2014 e até hoje continua tendo desdobramentos. Sabe-se oficialmente, nos dias de hoje, que o rombo nos cofres públicos já chegou a 110 bilhões de reais e foram recuperados, até o momento (1º semestre de 2018), baseados em estimativas muito otimistas, algo em torno de 10 bilhões de reais. Quantos grupos empresariais, políticos e pessoas físicas ainda estão envolvidos e guardando toda esta grande massa de dinheiro em paraísos fiscais? Muito provavelmente em Bancos da Suíça e das ilhas Caribenhas, eternos coniventes com o dinheiro sem origem, clandestino, sem pátria e procedente de todas as partes do planeta. Vê-se que menos de 10% foi recuperado do total desviado e isto é muito pouco para o brasileiro, que se preocupa em ver diminuir a corrupção, ter orgulho desta ação investigativa. Apesar de que, a recuperação próxima de 10% já é, por si só, um marco diferenciador do que vinha acontecendo no Brasil em termos de resgate de numerários desviados por atos de corrupção. Antes da implantação da lei de transparência das contas públicas as recuperações anteriores não passavam de percentuais próximos de 2 a 3% do total desviado. Apesar de não ser motivo de alegria plena, passar de 2% para 10% de recuperação do desviado pela **Corrupção Endêmica**, já é um marco memorável.

Em 21/06/2018 a Operação Lava Jato encontrava-se na sua 52ª fase, chamada de Greenwich, que resultou em 2 Prisões e 9 Buscas/Apreensões. Pela ordem cronológica decrescente, outras Operações dentro da Lava Jato foram deflagradas, tais como: *Deja Vù, Sothis II, Buona Fortuna, Integração,* até chegar à primeira operação da 1ª fase iniciada em 17/03/2014, com 28 Prisões, 19 Conduções Coercitivas e 81 Buscas/Apreensões. Vê-se pelas datas fornecidas que a Lava Jato tem 4 anos e 5 meses de existência até a presente data (Ago/2018) em que este trabalho está sendo elaborado. Durante este período, vimos o Brasil estagnar completamente a sua atividade econômica. Figuras proeminentes da política e do empresariado nacional foram investigadas, acusadas, processadas, condenadas e ficarão presas por anos a fio. Para um país como o nosso, onde a impunidade para "crimes do colarinho branco" sempre foi o seu "Tendão de Aquiles", isto realmente é um avanço gigantesco na melhoria do combate à corrupção. Há quem sustente que a Lava Jato estaria fazendo mais mal do que bem para o país. Quem pensa assim baseia-se unicamente com foco na engenharia nacional, porque, claro está, os processos criminais que estão inviabilizando os "gigantes" deste setor estão propiciando oportunidades para que empresas de engenharia internacionais aportem por aqui. Não somente isto está realmente acontecendo, bem como toda a economia nacional estagnou como nunca observado em 100 anos de história recente. Estamos pagando um preço altíssimo para combater a corrupção, em seu maior e mais complexo caso envolvendo o poder público e interesses de empresários da iniciativa privada. Esperamos que esta operação não tenha o mesmo destino e fim que a Operação Mãos Limpas, mãe de todas as operações e inspiradora da Lava Jato. Ocorrida na Itália, na década de 90, acabou não tendo resultados finais significativos e duradouros ao proposto inicialmente.

A seguir transcrevemos o quadro, retirado do Site da Polícia Federal, denominado de OPERAÇÃO LAVA JATO - NÚMEROS. Quem gosta de números e quiser checar estes dados vá direto ao Site através do link a seguir:

http://www.pf.gov.br/imprensa/lava-jato/numeros-da-operacao-lava-jato

TRABALHO DE POLÍCIA JUDICIÁRIA	TOTAL
Mandados de busca e apreensão (Brasil\l e exterior)	844
Mandados de condução coercitiva	210
Mandados de prisão preventiva (Brasil e exterior)	97
Mandados de prisão temporária	104
Prisões em Flagrante	6
Policiais envolvidos para cumprimento de medidas judiciais	4.220
Viaturas policiais	1.320*
Procedimentos de quebras de sigilo bancário e fiscal	650*
Procedimentos de quebras de sigilos de dados (telemático)	350*
Procedimentos de quebras de sigilo telefônico	330*
Inquéritos policiais instaurados	326
Inquéritos policiais em andamento	187
Processos eletrônicos abertos	1.397
Bens bloqueados ou apreendidos nas operações	R$ 2.400.000.000,00
Repatriados	R$ 745.100.000,00
Valores analisados em operações financeiras investigadas	R$ 12.500.000.000.000,00

Números atualizados até 14/08/2017

* números aproximados

No Site do Ministério Público Federal - MPF - no link a seguir apresentado, extrai-se dele a Linha do Tempo de toda a Operação Lava Jato em detalhes, com outras importantes e valiosas informações para quem se interessa em aprofundar nesta matéria. **http://www.mpf.mp.br/para-o-cidadao/caso-lava-jato/atuacao-na-1a-instancia/parana/resultado**

É muito importante observar que não há consenso dos números sobre o numerário que foi surrupiado da Petrobras, no que se denominou de Petrolão, investigado pela Operação Lava Jato. Quanto realmente foi desviado para os bolsos dos políticos e partidos dos mesmos, neste assalto à maior e mais rica estatal brasileira? Devemos recordar que, apesar da Lava Jato ter iniciado em março de 2014, o governo do PT já vinha se imiscuindo nas Estatais, atrás de dinheiro público para o seu projeto de poder, desde quando assumiu a presidência em 2002. Tese que passou a fato consumado confirmado pelo caso do Mensalão descoberto em 2004. Neste período vivíamos o pleno emprego, o mundo crescia 8 a 10% ao ano e nós somente 4%, mas ainda assim, Lula, presidente, fazia alarde como se fosse obra sua e da sua administração tal feito de crescimento econômico. Pela analise destes números vê-se que perdemos a "Locomotiva" do crescimento econômico mundial. Acreditamos nas bazófias proferidas irresponsavelmente pelo ex-metalúrgico, ridiculamente fantasiado e travestido de presidente da república.

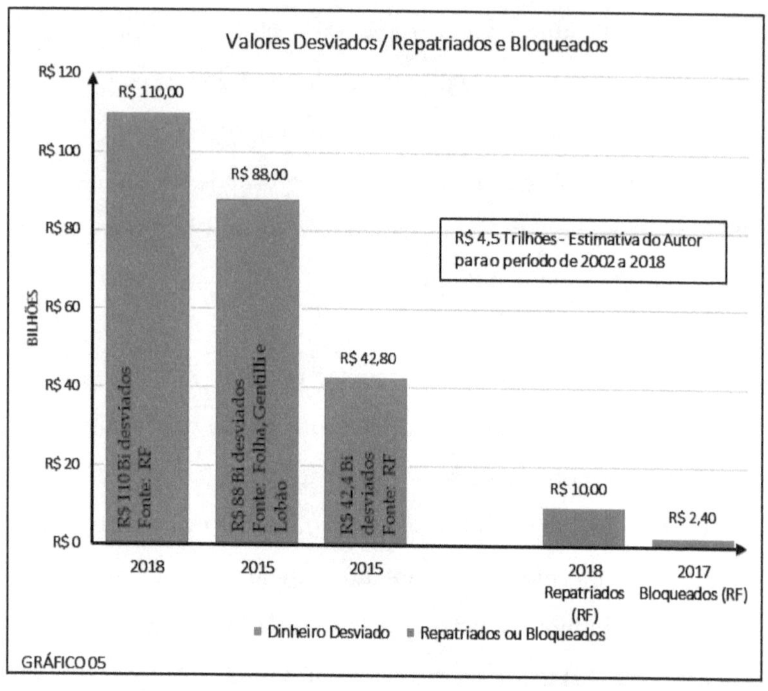

GRÁFICO 05

Nem a acusação feita à época pelo delator da falcatrua, deputado Roberto Jefferson, de que Lula tinha pleno conhecimento do Mensalão e o operava, foi suficiente para arranhar o seu imponente índice de aprovação popular no governo: 86%! Infelizmente não temos números minimamente consistentes e claros para saber quanto realmente foi roubado da Petrobras. Nem nós, simples mortais, nem o Ministério Público Federal e até mesmo a Polícia Federal não dispõem de valores confiáveis e finais para este grande assalto. Talvez o maior do mundo em termos de corrupção governamental, sem contar as perdas financeiras que a Petrobras está tendo por arcar com os seus investidores internacionais! Só o acordo de reparação de prejuízos a investidores internacionais que ela fez com os Estados Unidos é

próximo de R$ 11,5 bilhões. Soma-se aí mais R$ 3,6 bilhões que ela pagou para cessar as investigações pelos órgãos americanos de fiscalização.
https://g1.globo.com/economia/noticia/2018/09/27/petrobras-fecha-acordo-para-encerrar-investigacoes-nos-eua.ghtml

Existem duas correntes políticas que assumem valores bastantes distintos um do outro para os desvios do Petrolão. Os liberais, representados pelos partidos de direita, que não fizeram parte do governo de Lula e os socialistas do PT e demais partidos políticos que se locupletaram com estes desvios bilionários. Até mesmo a Polícia Federal estimou, ainda com dados de 2015, valores mínimo e máximo para este desvio de dinheiro público com margem extremamente larga, que só denota a possibilidade deles estarem longe da realidade. Considerando o maior valor calculado pela PF como 100% do total do desvio, o valor mínimo calculado por ela representa somente 15,24% deste total. Vejam a seguir a reportagem veiculada no Antagonista, em 09/11/2015:

"Exclusivo: Peritos da PF estimam em até R$ 42 bilhões o desvio do petrolão

SALVAR Brasil 09.11.15 15:44

"Desde o início das investigações, a força-tarefa da Lava Jato tenta calcular o valor total do que foi desviado da Petrobras para o bolso de empreiteiros, ex-dirigentes, políticos e partidos. Os peritos da PF,

revela O Antagonista, estimam o desvio entre R$ 6,4 bilhões e R$ 42,8 bilhões.

Parece um exagero, mas eles tomaram como referência mínima os 3% "repassados a partidos políticos e ex-funcionários da Petrobras" e, como referência máxima, os 20% aplicados no superfaturamento de contratos num "ambiente desprovido de livre concorrência".

De fato, esta estimativa é da Polícia Federal e não do Site do Antagonista. Não bastassem as dúvidas dos técnicos da PF, para estimar um valor que talvez nunca o saibamos de fato, surgem representantes da imprensa de viés ideológico de esquerda, simpatizantes do PT e representantes do próprio partido, para negar os fatos apurados e os números estimados do prejuízo. Em uma tentativa quase pueril de negar os delitos cometidos pela administração PTista e diminuir as suas consequências, usam argumentos puramente baseados em retórica da perseguição política, golpe constitucional e outros subterfúgios não menos primários, onde tentam ridicularizar a realidade conhecida até por eles próprios.

A reportagem a seguir, retirada do Blog do jornalista Paulo Nogueira, contesta a cifra possível para este desvio, de R$ 88 bilhões. Neste ponto, até concordamos em parte com o jornalista Paulo Nogueira, mais pela falta de fidedignidade da informação do que pelos motivos alegados por ele. Acreditamos que este número, 88 bilhões de reais, também esteja errado, mas é por estar muito aquém da realidade e não além, como ele quer fazer acreditar. Vejam e confiram a reportagem a seguir, que tenta jogar um véu de incredulidade por sobre os valores surrupiados pelo Petrolão:

O festival de asneiras em torno dos 88 bilhões de reais da Petrobras

*Publicado por **Paulo Nogueira***

28 de janeiro de 2015

"Raras vezes tantas tolices foram publicadas e compartilhadas em cima de um número mal compreendido. Entre no Twitter e digite Petrobras 88 bilhões, e você encontrará uma enxurrada daquilo que de mais imbecil a mente humana pode conceber. A cifra de 88 bilhões de reais representaria aquilo que foi desviado por corrupção na Petrobras. Para quem tem o mínimo de familiaridade com números, é um caso parecido com o do homem de oito metros. Mas poucos tem, e a Folha, origem dos disparates, não está entre estes raros. Foi a Folha que deu a "informação". Ela estaria no balanço divulgado pela Petrobras. Depois, a Folha corrigiu o erro, mas era tarde demais: a asneira já fora transmitida e incorporada por dezenas, centenas, milhares de analfabetos políticos que incluem os suspeitos de sempre, como Lobão e Danilo Gentilli. Os 88 bilhões são um cálculo aproximado de ativos supervalorizados. "

Já que estamos no campo das conjecturas para avaliar quantidades de dinheiro público roubado da Petrobras, como fizeram tanto a PF quanto partidos políticos de dentro e de fora do Petrolão, gostaríamos também de fazer as nossas próprias estimativas de quanto pode ter sido roubado do Brasil desde quando o PT assumiu a presidência da República. Com a ressalva de que o prejuízo à Petrobras não se resume somente ao que foi detectado pela Lava Jato, porque não podemos esquecer o quanto ela foi sangrada no período em que a Bolívia se apossou da refinaria brasileira construída naquele país durante o governo Lula. A famosa, não menos criminosa e vergonhosa transação comercial, aquisição da refinaria sucateada de Pasadena, comprada por um valor absurdamente alto, através de autorização de Dilma Rousseff, presidente à época do Conselho Administrativo da Petrobras. Isto foi o que veio a público! E o que não veio?

Costumamos dizer que sempre houve corrupção para desvio de dinheiro e obtenção de poder, na política nacional contemporânea. Isto está sendo exaustivamente colocado neste livro, não somente em termos de uma realidade factual, mas amplamente baseada em fatos históricos. Desde a abertura política, em 1985, quando o civil voltou a exercer o poder político de forma direta, porque ele nunca deixou de participar da vida política nem nos piores "dias de chumbo", ele vem roubando a República contínua e descaradamente. Não existem partidos políticos brasileiros isentos de corrupção e roubalheira. Raríssimos são os políticos que conseguiram se manter a salvo da sanha envoltória de corrupção neste país. Ela seduz todos os políticos, salvo raras exceções, levando-os para os recônditos de uma existência infernal, exclusivamente calcada em valores de bens materiais. O político que não se corrompe na atual estrutura política brasileira é um ponto fora da curva e muito mal visto no seu meio.

Acontece que, antes do PT assumir o poder federal, a regra geral da política era a seguinte: "- roube o quanto puder para si e seus descendentes". Com a ascensão do Partido dos Trabalhadores à Presidência da República, inicialmente cheios de um virtuosismo ético e reformatório, totalmente enganoso para quem os conhecia de fato, a regra passou a ser: "- vamos roubar para nós, nossos descendentes e o nosso Plano de Poder". Cujas metas foram estabelecidas no primeiro Fórum de São Paulo, em 1990, na cidade de São Paulo, para tornar a América Latina comunista. Com o acréscimo deste Projeto de Poder nos afazeres da Agenda dos políticos PTistas, observou-se, paralelamente, na política brasileira um crescimento exponencial do roubo advindo da corrupção. O milhão se transformou em bilhão e este último em trilhão de Reais. Além do crescimento vertiginoso das cifras monetárias surrupiadas pelo poder da esquerda, empoleirado na presidência executiva do país, vimos crescer, assustadoramente, as hordas do crime organizado. Esta que é uma variante da corrupção e um dos braços operacionais dos regimes políticos de esquerda. Este assunto será discutido mais detalhadamente em capítulo específico mais adiante.

Como avaliar, o que nem imaginamos nos piores pesadelos, quantias roubadas dos cofres públicos de um país como o Brasil, dominado por um partido como o PT? O que pode ter acontecido em termos de negócios escusos quando uma quadrilha de assalto, comunista, travestida de partido político, assumiu o poder na presidência deste país? O ex-braço direito de Lula, Antônio Palocci, hoje inimigo público número "1" do PT por ter escancarado as feridas internas do partido, para se livrar de longos anos na cadeia, confessou ao Juiz Sérgio Moro que se assustou com a facilidade e desenvoltura com que Lula tratava dos negócios pouco republicanos com o ex. presidente da Petrobras, Sérgio Gabrielli. Havia, entre os dois, um acordo tácito e muito claro que visava facilitar contratações de empresas privadas, nacionais, de um círculo fechadíssimo. Enquanto estávamos nos assustando com o escândalo do Mensalão, as engrenagens do Petrolão já deviam estar girando, certamente. Mais cedo ou mais tarde toda a verdade poderá vir à tona, comprovando de forma cabal porque devemos evitar a todo custo o crescimento anômalo do Estado e seu aparelhamento. Sabe-se, por experiências mundo afora de republiquetas ditatoriais, que este é o melhor meio de facilitar a corrupção para quem opera o Estado.

Para responder às perguntas iniciais do parágrafo anterior, o nosso raciocínio dedutivo é muito simples e baseia-se na capacidade da Petrobras de gerar receitas e contratar não somente obras, mas toda sorte de serviços através das suas licitações. Óbvio está, para nós, que todo o sistema de compras e contratação dela estava totalmente contaminado pela administração Petista. Não foi somente o estabelecido pela sua alta administração para as obras da Refinaria Abreu e Lima e o Complexo do COMPERJ, as maiores deste período. Para tanto, basta fazer a soma dos resultados contábeis da empresa a partir do ano de 2002 até 2014. A partir deste último ano, por total incapacidade administrativa, a empresa começou a contrair empréstimos para cobrir "rombos de caixa", despesas operacionais, e se endividou até quase falir. Baseados no montante do resultado contábil da Petrobras neste período de 13 anos (estranha coincidência, não?), tomaremos o percentual de 12,5% como base para cálculo do propinoduto que se instaurou por lá, por motivos óbvios de simplificação de raciocínio. Por que tomar um valor presumível, variando de 3% até 20%, como fez a PF, para estimar o roubo do Petrolão, como provável percentual da comissão da corrupção? Isto só serve para tirar a credibilidade dos dois números apresentados, bastante improváveis, e dar margem a inúmeras teses acobertadoras da "roubalheira" que ali se instaurou.

No meio das empresas de engenharia envolvidas no Petrolão, e que se prestaram às tramas e conluios com seus pares do poder público, os acertos de sobrepreço estão mais próximos entre 10% e 15%. Estes percentuais não podem ser muito maiores do que já representam, até por uma questão de "não dar na vista" para possíveis auditorias externas e ser mais fácil de camuflar o "inchaço" dos sobrepreços aplicados em contratos com a administração pública. Por isso sugerimos tomar a média daqueles dois percentuais que resulta em 12,5%.

Extrapolando o nosso raciocínio anterior, para cálculo admissível do prejuízo na Petrobras, em função da **Corrupção Endêmica** que ali se instalou, gostaríamos de estendê-lo para o rombo que a administração Petista causou aos cofres públicos nos seus 13 anos de governança e desmandos. Neste caso, sugerimos utilizar também a mesma taxa de 12,5% para cálculo de propina, sobre a parcela do PIB que se refere aos Gastos Governamentais, somados entre os anos de 2002 a 2015. Estes Gastos Governamentais para o período somam R$ 36 trilhões de reais em números redondos. Em uma "conta de padaria" podemos chegar a assustadores R$ 4,5 trilhões que podem ter sido desviados pela administração PTista. Contudo este livro-pesquisa não se deterá para justificar este cálculo por não ser seu objetivo principal e não termos as provas necessárias para justificá-lo. Fica aqui a sugestão para quem quiser aprofundar nesta investigação.

7. OS NÚMEROS DOS SUPERSALÁRIOS

O que são os Supersalários? Quanto representa em termos de valores monetários esses supersalários? Quem são os seus beneficiados? Por que funcionários públicos conseguem acumular riquezas dignas de um Marajá? Estes supersalários são legais? Quanto gastamos em termos totais com esses supersalários? São perguntas que evidentemente devem ter respostas e, se possível, uma solução no mínimo corretiva estrutural para que não se permita mais a formação e a continuidade de desvios dessa natureza. Espera-se que uma sociedade justa e com baixíssimo nível de corrupção estirpe todo e qualquer tipo de privilégios que beneficiem uma pequena casta de funcionários públicos da ativa e aposentados. Um sistema social menos doente, em última instância, jamais poderia permitir acumular verdadeiras fortunas com base em salários, penduricalhos e benefícios não tributáveis. Quem se permite ganhar muito além do que a lei do Teto Salarial estabelece, mesmo que amparado pela própria lei, não age de boa fé e muito menos tem amparo moral para se justificar diante de uma sociedade cada vez mais empobrecida. A situação dos supersalários se aproxima, em termos de resultado e efeito final, aos títulos de nobreza distribuídos pela realeza portuguesa dos tempos de Brasil Colônia e Império. Para poder extirpar esta "erva daninha" precisamos ir a fundo em reformas políticas e administrativas. Reformas, costumeiramente prometidas antes de eleições por candidatos à Presidência da República, que jamais saem dos discursos para a prática. Quando escritas em papel, nunca são aprovadas pela Câmara de Deputados e Senado Federal.

Os números dos Supersalários surpreendem, principalmente quando olhados sob a ótica de um país como o Brasil, que possui uma grande massa da sua população vivendo abaixo da linha da pobreza, em grande miséria. Estamos falando de uma parte significativa da população brasileira, em torno de 30 milhões. Esta parcela da população, muito pobre, chega a sobreviver com uma renda mensal aproximada de R$ 300,00. Existe outro grande contingente no país, ainda que menos pobre, porém vivendo pouco acima da famigerada linha da miséria absoluta. Esta parcela da população, que vive com uma renda mensal de 1 a 2 salários mínimos representa algo em torno de 50 milhões de brasileiros. Obviamente estes valores são dados oficiais. Eles não retratam com exatidão como a família brasileira pobre consegue angariar valores maiores a estes, ao colocar todos os seus membros a trabalhar em atividades sem carteira assinada. Jovens e crianças vendendo guloseimas nos semáforos dos grandes centros urbanos.

É chocante observar que quanto mais ricos nos descobrimos como país, tanto em recursos naturais, com solo abundante de ricos minerais, biodiversidade exuberante, mais nos percebemos como uma sociedade injusta, transbordando de preconceitos e racismos velados. Esquecemo-nos que somos uma população quase que totalmente composta e miscigenada por portugueses, negros e índios. Vendemos a falsa imagem de sermos um povo feliz, despreconceituoso e sem racismos para o mundo que nos assiste. Somos o país do Carnaval e do Futebol! Ao mesmo tempo deixamos por conta do cidadão comum, isolado ou reunido em facções criminosas, armado ilegalmente, assassinar 60 mil compatriotas anualmente! Este número, por si só, já diz tudo o que podemos fazer de ruim para com o nosso semelhante, sem que o Estado dê a mínima importância a esta lamentável realidade.

Tornamo-nos uma sociedade tão cínica que chegamos ao cúmulo de proibir, via Constituição Federal de 1988, a possibilidade de se ter Pena de Morte ou Prisão Perpétua até para crimes hediondos. Deixamos esta função nas mãos do cidadão comum por falta absoluta de responsabilidade civil! O nosso país transformou-se em um Estado covarde ao copiar a tendência dos países desenvolvidos que aboliram a pena de morte. Mesmo nestes países ainda contam com a prisão perpétua. Aqui nem isso! Em contrapartida adotamos leis municipais e estaduais estapafúrdias, para não chamar de estúpidas, como, por exemplo, a lei municipal que proíbe o uso de saleiros nas mesas dos restaurantes da cidade de Belo Horizonte. Estas leis municipais e estaduais frequentemente se chocam contra leis federais maiores, tornando-se inconstitucionais. Resumindo o nosso raciocínio, será que o poder público local está tão preocupado com a saúde física dos cidadãos que se esquece de proteger as suas vidas contra os crimes cometidos pela bandidagem local? Para quem gosta de verificar as informações aqui passadas, leia a matéria que segue:

"O Diário Oficial do Município (DOM) publicou nesta terça-feira (11) a lei nº 10.982 que proíbe exposição de sal em mesas e balcões de

bares, restaurantes, lanchonetes e similares em Belo Horizonte. A partir de agora, o cliente terá que pedir o sachê para o garçom. A legislação surgiu a partir do projeto 1.195/14, da Câmara Municipal (CMBH), que alerta para o seu consumo excessivo e os riscos provocados pela hipertensão.

O Pleno do Tribunal de Justiça do Espírito Santo (TJES) decidiu que é inconstitucional a lei que proíbe a exposição de recipientes ou de sachês que contenham sal de cozinha em mesas e balcões de bares e lanchonetes no Espírito Santo. "

Mas voltemos ao foco deste capítulo, que é a questão dos supersalários de uma casta de funcionários públicos, não tão pequena quanto se poderia desejar. Mais uma vez aqui registramos que estas aberrações de gastos públicos são todas legais, amparadas por leis e regulamentos internos que garantem o não cumprimento do Teto Salarial. Teto este, previsto em Lei Federal frouxa, jogado invariavelmente bem acima do valor máximo estabelecido em Lei. O próprio valor dele, por si só, em um país que tem um salário mínimo quase 40 vezes menor, como disse recentemente o atual ministro da economia, recém empossado da Gestão Bolsonaro, Paulo Guedes: *"é um teto que sem paredes não se sustenta! "*

https://veja.abril.com.br/brasil/supersalarios-de-juizes-no-rj-ultrapassam-r-500-000/

"Supersalários de juízes no RJ ultrapassam R$ 500.000

Remuneração é inflada por 'vantagens eventuais' a desembargadores

Por **Da Redação**

access_time24 jan 2012, 06h00

Os pagamentos milionários a magistrados estaduais de São Paulo se reproduzem no Tribunal de Justiça do Rio de Janeiro. A folha de subsídios do TJ-RJ mostra que desembargadores e juízes, mesmo aqueles que acabaram de ingressar na carreira, chegam a ganhar mensalmente de 40.000 a 150.000 reais. A remuneração de 24.117,62 reais é hipertrofiada por "vantagens eventuais". Alguns desembargadores receberam, ao longo de apenas um ano, 400.000 reais, cada, somente em penduricalhos.

A folha de pagamentos, que o próprio TJ divulgou em obediência à Resolução 102 do Conselho Nacional de Justiça (CNJ) - norma que impõe transparência aos tribunais -, revela que em dezembro de 2010 o mais abastado dos desembargadores recebeu 511.739,23 reais.

Recorde *- Os desembargadores do Rio estão entre os detentores dos maiores rendimentos do serviço público. A folha de pagamentos do TJ seria um dos principais alvos da inspeção que estava nos planos da corregedora nacional de Justiça, Eliana Calmon.*

A liminar deferida no final do ano passado pelo ministro Ricardo Lewandowski, do Supremo Tribunal Federal (STF), interrompeu as inspeções do CNJ até que informações detalhadas fossem prestadas pela corregedora."

https://www.conjur.com.br/2017-nov-30/cnj-divulga-remuneracao-magistrados-mg-es-tre-sp

"CNJ divulga remuneração de juízes e desembargadores de MG, do ES e do TRE-SP

O Conselho Nacional de Justiça publicou nesta quinta-feira (30/11) a lista de salários e benefícios recebidos por juízes e desembargadores vinculados a três cortes do país: os tribunais de Justiça de Minas Gerais (referente a outubro de 2017) e do Espírito Santo, além do Tribunal Regional Eleitoral de São Paulo (ambos de novembro).

*Levantamento feito pela **ConJur** com base nos novos dados indica que 59% dos juízes e desembargadores mineiros receberam acima do teto constitucional de R$ 33,7 mil em outubro. O índice representa 877 dos 1.488 membros, inclusive inativos, e leva em consideração o rendimento líquido, depois de descontos.*

No Espírito Santo, o percentual foi de 8% em novembro: 37 dos 464 magistrados. Já os desembolsos do TRE-SP no mesmo mês somaram no máximo R$ 6 mil a cada um dos 568 juízes e desembargadores da Justiça Eleitoral. "

http://www.sasp.org.br/noticias/38-notas-rapidas/293-desembargadores-de-todo-o-pais-tem-supersalarios.html

"DESEMBARGADORES DE TODO O PAÍS TEM SUPERSALÁRIOS"

Desembargadores são os que mais recebem salários acima do teto constitucional. Dos 27 tribunais de justiça, 15 publicaram suas folhas de pagamentos. Valores chegam até a R$ 100 mil

Dos 27 tribunais de justiça do país, 15 publicaram seus salários, até ontem. No Tribunal de Justiça do Amazonas todos os 19 desembargadores receberam, em junho, acima do teto constitucional. A média foi de R$ 57,2 mil no mês. Nestes casos, os valores são aumentados devido ao pagamento da Parcela Autônoma de Equivalência (PAE), que são passivos trabalhistas derivados de vantagens eventuais e adiantamento do 13º salário.

Supersalários

Desde o ano passado, o Congresso em Foco tem mostrado que supersalários são pagos a servidores dos três poderes. Um levantamento do site mostrou que existem pelo menos, 3,9 mil servidores públicos recebendo acima do permitido. "

https://congressoemfoco.uol.com.br/especial/noticias/leia-o-que-diz-a-constituicao-sobre-o-teto-constitucional/

"Leia o que diz a Constituição sobre o teto constitucional

Conheça também as resoluções 13 e 14 do CNJ que criam exceções para o cálculo do teto

Por Eduardo Militam em 19 set, 2011 - 7:00 Última Atualização 26 abr, 2018 - 15:26

A Constituição trata do teto salarial do funcionalismo em dois momentos. No artigo 37 inciso XI, o texto diz que a remuneração e o subsídio dos servidores públicos não pode "exceder o subsídio mensal" dos ministros do Supremo Tribunal Federal. Nos municípios, não pode ultrapassar o salário do prefeito. Nos estados e no Distrito Federal, o teto é o que ganha o governador, no caso do Poder Executivo, e os desembargadores do Tribunal de Justiça, no caso do Judiciário. O texto constitucional não fala em exceções à regra.

https://congressoemfoco.uol.com.br/especial/noticias/leia-o-que-diz-a-constituicao-sobre-o-teto-constitucional/

Esta questão dos supersalários é realmente revoltante e deixa qualquer um que tenha um mínimo de bom senso indignado, não é mesmo? Mas, infelizmente, temos que alertá-los de que estamos sendo treinados diária e permanentemente para não perceber ou entender toda essa gravíssima situação. Querem ver do que estamos falando? Como exemplo prático, vamos analisar a vida de um juiz hipotético qualquer, que trabalhe aqui no Brasil. Imaginemos que ele foi orientado e educado desde cedo para se tornar um funcionário público de alto escalão. Então é bem provável que ele tenha conseguido ingressar na carreira jurídica aos 28 anos, por meio de aprovação em dificílimo e concorridíssimo Concurso Público. De família classe média alta, para não dizer milionária, filho(a) de mãe juíza e pai desembargador, aliás, honestíssimos. Nunca venderam uma sentença para tirar qualquer tipo de bandido graúdo da cadeia. Realmente tratam-se de pessoas de caráter ilibado e extremamente éticas, representando exatamente o estereótipo contrário do que se convencionou achar normal aqui no Brasil. Se este juiz, hipotético, ganhar o teto salarial de R$ 33,7 mil e se casar também com uma juíza, é muito natural que possam fazer uma pequena poupança doméstica, não concordam? Esta categoria de funcionários públicos, mas não somente ela, possui ajuda de custo para todas as suas necessidades básicas (não básicas também) e mais algumas outras impronunciáveis, que chegam a ser risíveis para não chorarmos de raiva.

Vamos imaginar também que este jovem casal de juízes é muito tradicional e conservador e vão optar pela aplicação mais comum e mal remunerada do mercado financeiro: a caderneta de poupança. Como os dois ganham o mesmo valor de salário e o governo fornece ajuda de custo para todas as demais despesas como auxílio moradia, planos de saúde sem limites, vestuário (auxílio paletó e saia), escola para as crianças (inclusive até a universidade), alimentação, veículos oficiais, passagens aéreas, até auxílio funeral, etc, etc, etc, vamos dizer que o casal depositará em uma conta Poupança um dos dois salários. Já considerando os descontos, o valor arredondado será de aproximados R$ 25 mil, correto? Será que nos esquecemos de considerar outros gordos benefícios e demais pequenos descontos que somam e reduzem os ganhos mensais dos juízes, respectivamente? Mas não vamos nos importar com estas pequenas diferenças neste cálculo. Ah, vamos imaginar que este casal, muito conservador, também não irá se separar e viverão juntos até que a morte os separe.

Preparados para o resultado? Considerando a pior aplicação do mercado, a uma taxa média mensal de juros de 0,6% ao mês, aplicando todos os meses a quantia líquida de R$ 25 mil reais, durante 35 anos, este casal conservador de funcionários públicos, honestíssimos, terão acumulado a seguinte quantia: R$ 47.230.662,50! Ou seja, um gordo prêmio milionário da Mega Sena, acumulada por 5 a 7 semanas consecutivas. Quantia esta que todo brasileiro sonha um dia ganhar e, pelas probabilidades matemáticas, somente uma insignificante parcela da população realizará tal proeza de sorte.

Para checar quanto esta parcela insignificante da população representa, em número de ganhadores de um prêmio da Mega Sena, façamos as seguintes contas: se um cidadão começar a jogar aos 15 anos e viver até os 85 anos, considerando 2 sorteios por semana, apenas 7.056 sortudos ganharão um prêmio bem mais modesto que a poupança feita pelo casal de juízes. Vale lembrar que este cidadão, que viveu uma vida tão longa e saudável, tentando ganhar um módico prêmio de R$ 3 milhões, assistiu, ao longo de 70 anos de infrutíferas tentativas, passar 2 gerações completas de felizardos juízes brasileiros se aposentarem. Se considerarmos uma população média de 100 milhões de brasileiros que jogam na Mega Sena, 7.056 de agraciados pela sorte representam míseros 0,0071% deste total ao longo de 70 anos de história.

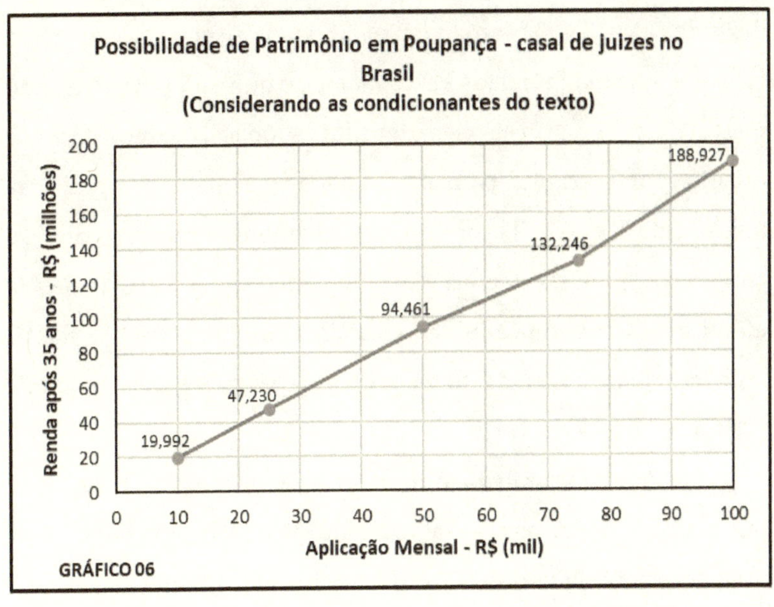

Para quem está de queixo caído, não acreditando no que está vendo, colocamos ao final do parágrafo seguinte o link de um simulador de aplicação financeira de onde tiramos este valor, simulando os rendimentos de uma Caderneta de Poupança. Por este resultado vê-se que a acusação que o senador da república, Jorge Kajuru, fez contra o ministro do STF, Gilmar Mendes, é simplesmente ridícula, onde ele diz: - "você vai ter que explicar o seu patrimônio de R$ 19 milhões de reais..." entre outras acusações mais pesadas que, à luz da fortuna milionária acumulada por este casal hipotético de juízes comuns, parece-nos, no mínimo, ridícula e sem sentido. Pelo porte profissional de Gilmar Mendes, juiz do STF e de sua esposa atual, este valor de R$ 19 milhões de reais é uma pequena gorjeta comparada ao que ele pode ter acumulado ao longo da sua vitoriosa carreira de funcionário público! De forma legal e sem ter praticado nenhuma ilicitude, coisa que pessoalmente duvidamos, ele possivelmente tem uma fortuna inúmeras vezes maior do que está sendo acusado informalmente por este senador da república. Vamos fazer o cálculo, por exemplo, para uma poupançazinha com aplicações mensais de R$ 50 mil, que hipoteticamente este ministro do STF tem caixa para sustentar, considerando as demais variáveis idênticas? Representa, ao final de 35 anos de trabalho, R$ 90 milhões! Quase a metade do valor de uma Mega Sena da Virada de 200 milhões de reais, certo?

Agora, se trabalharmos com base nos supersalários, onde um funcionário público, teoricamente não corrupto, pode fazer uma poupança mensal de absurdos R$ 100 mil, ao final da sua feliz jornada de trabalho no planeta Terra, Brasil, ele terá auferido a módica quantia de R$ 190 milhões. E, aí sim, chegamos à Mega Sena da Virada! Entenderam agora por que não focamos no real problema do Brasil? Porque não sabemos fazer contas! Então para ajudar nesta tarefa, use o simulador de rendimentos a seguir e faça as suas próprias simulações e verifique por si mesmo a capacidade de acumular fortunas que o **Corporativismo Colonialista** permite. http://simuladordepoupanca.net/

Existem juízes que vivem em dívida por gastarem mais do que ganham, e isto não é raro. Estes sustentam, além da própria família, a da amante, dos filhos, dos sobrinhos e dos netos. Claro que existem sim, mas cada qual carrega a sua cruz, disto não temos a menor dúvida. Não trataremos aqui de problemas pessoais de abastados funcionários públicos que integram o **Corporativismo Colonialista,** podendo manter a sua horda familiar sem necessidade de trabalhar e nada produzir. Para quem acha que estamos exagerando com relação às remunerações dos funcionários públicos de primeira linha, pesquisem, no link que segue, os salários e benefícios de juízes e desembargadores. O Conselho Nacional de Justiça - CNJ tem que publicar estas relações por força da Lei de Acesso à Informação (Lei n. 12.527, de 18 de novembro de 2011). Alguns Tribunais não entregam ou atrasam o envio desta listagem.

http://www.cnj.jus.br/transparencia/remuneracao-dos-magistrados

Eles são os seguintes: Tribunais Superiores e Conselhos, Tribunais Federais, Tribunais Estaduais e do Distrito Federal e Territórios, Tribunais Regionais Eleitorais, Tribunais Regionais do Trabalho, Tribunais Militares, perfazendo um total de 94 Tribunais, onde se aninham milhares de funcionários públicos em extrema condição de benevolência salarial, benefícios e privilégios. Somente o Tribunal da Justiça de Minas Gerais, em out/2017, possuía 1488 membros, sendo que 59% deles recebiam acima do Teto Salarial de R$ 33,7 mil, levando-se em conta o rendimento líquido, após os descontos. Hoje, em fevereiro de 2019, este número aumentou para 1537 entre Juízes e Desembargadores. Fizemos uma estatística com os dados do TJMG, com relação a sua Folha de Pagamento publicada em 01/02/2019 e, para não trabalhar com nomes de funcionários deste órgão, transformamos os dados de salários, benefícios e descontos em médias. Chegamos a resultados inquestionáveis de que a média líquida do total dos rendimentos é de R$ 39.208,34 depois dos descontos do IR e Previdência Pública - PP - que somam a média de R$ 9.921,18. Se o Teto Salarial estivesse sendo aplicado, o rendimento líquido médio deveria ser R$ 23.778,32, descontados IR e PP sobre os R$ 33,7 mil. A conclusão final é de que o salário bruto médio, somado aos benefícios, de Juízes e Desembargadores de Minas Gerais, base jan/2019, é de R$ 49.129,52! Durma-se com este barulho! Isto já é um Supersalário! Não estamos mais falando que somente 59% destes membros recebem acima do Teto Constitucional, mas a totalidade dos seus 1537 integrantes, considerando a média dos rendimentos líquidos, recebem 45,78% acima dele! Com R$ 39,21 mil de salário médio, aquele casal de Juiz poderia acumular na poupança, durante 35 anos, se investirem apenas um dos dois salários, a astronômica quantia de R$ 74,55 milhões!

Vejam também o vídeo em que Jorge Kajuru, "simploriamente", exige de Gilmar Mendes, ministro do STF, que explique o seu patrimônio de 20 milhões de reais. Um tipo deste, ao longo da sua profícua carreira, aliado ao da sua esposa, pode ter acumulado algo acima de R$ 200 milhões.

https://www.youtube.com/watch?v=AM5r257_15Y

8. OS NÚMEROS DO CORPORATIVISMO COLONIALISTA

O que estamos chamando de **Corporativismo Colonialista**, a partir do título deste livro, que pretende apresentar números dos valores monetários gerados por ele, em contraposição aos dos gerados pela **Corrupção Endêmica** no Brasil, é tudo aquilo que estamos nomeando como estrutura política e social brasileira, responsáveis por gerar gastos governamentais monumentais. Gastos estes que são função direta da nossa estrutura política social herdada desde os tempos de colônia de Portugal. E é tudo aquilo que se gasta a mais na esfera pública governamental para manutenção de direitos e privilégios adquiridos por castas de funcionários públicos. Estamos o tempo todo alertando que estes gastos governamentais absurdos são amplamente amparados por leis menores, mesmo que elas contrariem, muitas vezes, leis maiores: as federais. Isto geralmente ocorre dentro de sociedades com características político-sociais parecidas com a brasileira. A nossa surgiu por herança portuguesa e é mantida por uma burocracia infindável que se retroalimenta por total falta de bom senso daqueles que dela se beneficiam. Leis em excesso que acabam por invalidar as mais antigas e de esferas superiores. Processos judiciais de longa duração que quase nunca são julgados a tempo, ou quando finalizados já se tornaram imprestáveis para quem demandou. Estas são algumas das inúmeras e lamentáveis realidades da burocracia brasileiras em todos os três poderes.

Outras surpresas, com relação aos gastos astronômicos com o **Corporativismo Colonialista**, estão nos próximos subcapítulos, à espera dos leitores que acham que o maior problema do Brasil seja a questão da **Corrupção Endêmica**. Apresentaremos números destes gastos da forma mais didática e simplificada possível, mas sabemos que, devido à quantidade enorme de informações e suas origens diversas, podem trazer um pouco de preguiça ao leitor menos voraz. Contudo, cumpre-nos apresentar o "caminho das pedras" para quem quiser se aprofundar no assunto e contribuir, se possível, de alguma forma para minorar estes problemas de origem secular.

Estranhamente este corporativismo está encoberto, às vezes, sob a forma de uma rixa entre políticos e militares, muito claramente visto na transição do último regime militar para o civil, cujas facções simpatizantes tentam denegrir um ao outro, mas sempre colocando a responsabilidade maior do rombo no déficit orçamentário principalmente na corrupção. Na realidade estes detratores mútuos são partes componentes do **Corporativismo Colonialista**, assim como outras categorias da sociedade também o são e nem se dão conta ou fingem não saber. Políticos, militares, servidores públicos das esferas federal, estadual e municipal - nesta ordem decrescente de significância no que tange a gastos - todos são atores principais desta estrutura colonialista. Proclamamos a República, mas vivemos dependendo do Estado, e do Rei no passado, para catapultar as nossas empresas e garantir os nossos ganhos.

8.1. Os custos com o Judiciário

Serão apresentadas a seguir matérias jornalísticas de terceiros relacionadas aos gastos dos 3 poderes e demais órgãos relacionados a estes, seus custos com salários e encargos. Recomendamos que estas matérias sejam lidas na íntegra para se ter uma visão completa dos gastos governamentais com salários, aposentadorias comuns, especiais e privilégios em geral do poder judiciário.

8.1.1 *"Judiciário fica mais caro e leva 1,3% do PIB; juiz custa R$ 46 mil/mês... "*

https://noticias.uol.com.br/politica/ultimas-noticias/2016/10/17/judiciario-fica-mais-caro-e-leva-13-do-pib-juiz-custa-r-46-milmes.htm

> *"A cada ano, o custo do Poder Judiciário vem aumentando para a população do país. Em 2015, cada brasileiro desembolsou R$ 387 para manter o Judiciário, 31% a mais que em 2009 (quando custava R$ 295 por habitante, com valores corrigidos pela inflação). O dado faz parte do relatório Justiça em Números, divulgado nesta segunda-feira (17) pelo CNJ (Conselho Nacional de Justiça). "No ano de 2015, às despesas totais do Poder Judiciário somaram R$ 79,2 bilhões, o que representou um crescimento de 4,7% e, considerando o quinquênio 2011-2015, um crescimento médio na ordem de 3,8% ao ano. Essa despesa equivale a 1,3% do PIB (Produto Interno Bruto) nacional, ou a 2,6% dos gastos totais da União, dos Estados, do Distrito Federal e dos municípios", aponta o estudo. "*

8.1.2 *"Poder Judiciário custou mais de R$ 84 bilhões ao país em 2016"*

https://congressoemfoco.uol.com.br/especial/noticias/poder-judiciario-custou-mais-de-r-84-bilhoes-ao-pais-em-2016/

> *"O poder Judiciário custou aos cofres públicos R$ 84,8 bilhões de reais no ano passado, mostra o relatório Justiça em Números, divulgado nesta segunda-feira (4) pelo Conselho Nacional de Justiça (CNJ). No relatório divulgado no ano passado, referente ao ano de 2015, o gasto foi de R$ 79,2 bilhões. "*

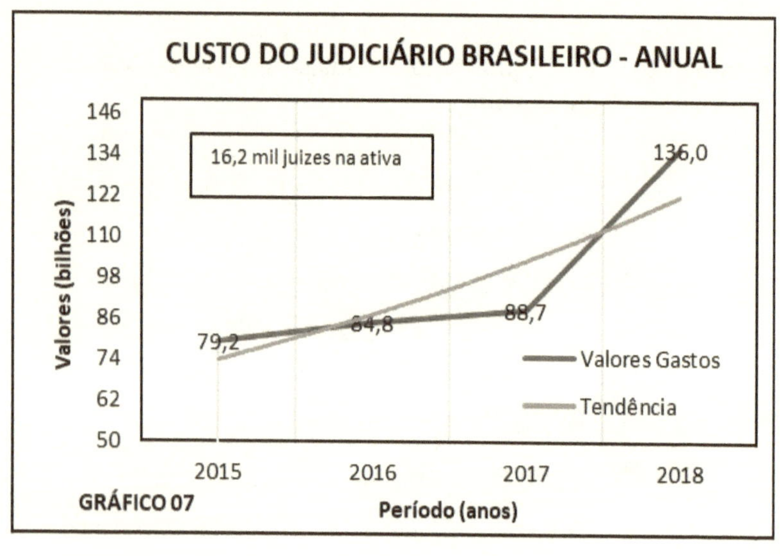

GRÁFICO 07

8.1.3 *"Justiça do Brasil gasta quase dez vezes mais que a dos EUA"*

https://www.gazetadopovo.com.br/politica/republica/justica-do-brasil-gasta-quase-dez-vezes-mais-que-a-dos-eua-au1p3xqfbv2qn60dnkskzhamg/

"Despesas totais do Poder Judiciário somaram R$ 85 bilhões em 2016, o equivalente a 1,35% de todas as riquezas produzidas pelo Brasil naquele ano. Nos EUA, essa relação é de 0,14%. O Poder Judiciário custa bem mais no Brasil que em vários países ricos. E mais que em países em desenvolvimento."

CUSTO DO JUDICIÁRIO: BRASIL X ESTADOS UNIDOS DA AMÉRICA

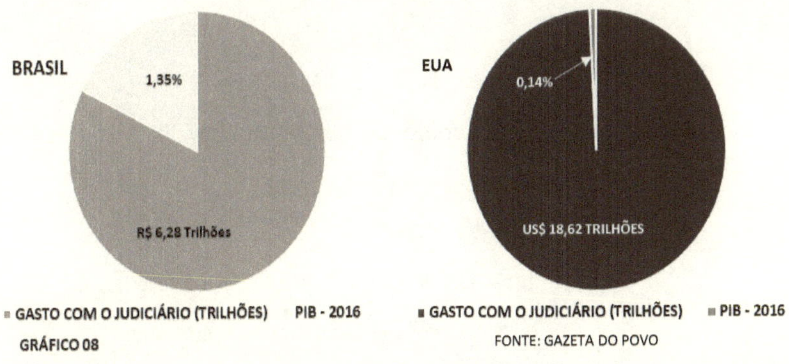

GRÁFICO 08

FONTE: GAZETA DO POVO

8.2. Os Custos com o Executivo

Aqui os custos são ainda mais astronômicos, chegando a cifras realmente estonteantes. Se os custos do Judiciário já são uma aberração em comparação ao mundo dos países desenvolvidos, os gastos do Executivo transformam isto em brincadeira, ultrapassando facilmente valores anuais acima de R$ 300 bilhões. Vejam os números apresentados, através de diversas reportagens de terceiros muito bem documentadas.

8.2.1 *"Gastos com Pessoal do Poder Executivo alcançam R$ 182,7 bilhões"* https://epocanegocios.globo.com/Dinheiro/noticia/2017/01/gastos-com-pessoal-do-poder-executivo-alcancam-r-1827-bilhoes.html

"O governo federal gastou R$ 182,7 bilhões com servidores do poder Executivo em 2016, de acordo com Relatório de Gestão Fiscal publicado em edição extra do Diário Oficial da União (DOU) com data desta segunda-feira, (30/01). "

8.2.2 *"O custo da Presidência é de R$ 5, 45 bilhões"*
https://servidorpblicofederal.blogspot.com/2017/06/custo-do-executivo.html

"Diário do Poder - 18/06/2017

O Poder Executivo, o maior e mais caro dos Três Poderes, custa – apenas com a folha de pessoal e aposentadorias e benefícios de servidores – R$ 211,4 bilhões por ano ao contribuinte brasileiro.

Custo da Presidência

A Presidência da República – que inclui a Vice-Presidência e também outras secretarias e agências reguladoras – custa ao contribuinte R$ 5,45 bilhões/ano apenas com a folha de pessoal. Dados são do Siape. "

8.2.3 *"A insustentável máquina do governo"*

https://istoe.com.br/411245_A+INSUSTENTAVEL+MAQUINA+DO+GOVERNO/

"Os 39 ministérios de Dilma custam mais de R$ 400 bilhões por ano e empregam 113 mil apadrinhados. Só os salários consomem R$ 214 bilhões - quase quatro vezes o ajuste fiscal que a presidente quer fazer às custas da sociedade. "

8.2.4 "Gastos com carros oficiais no Governo Lula superam investimentos em Cultura - 05/01/2006 16:19"

https://www.sonoticias.com.br/politica/gastos-com-carros-oficiais-no-governo-lula-superam-investimentos-em-cultura/

"Ainda que privilégio de poucos, o uso de carros oficiais é de real importância para o setor público, surpreendente é o volume de recursos gastos para mantê-los, renovar a frota, garantir acessórios de luxo. Só este ano os Poderes Executivo, Legislativo e Judiciário gastaram nada mais nada menos do que R$ 724.723.464,41 com despesas que englobam a compra de carros, aluguel, serviço de manutenção, combustíveis e lubrificantes, IPVA, compra de acessórios e o pagamento de outras despesas. E não estão incluídos aí os gastos das empresas públicas e sociedades de economia mista.

Surpreendente também é o fato de que, a cada ano, esta despesa só vem crescendo, atingindo, no ano passado, valor *superior aos gastos efetivos do Ministério do Turismo (R$ 324 milhões) e do Ministério da Cultura (R$ 395 milhões). "*

8.3 Os Custos com o Poder Legislativo

Dos três poderes este é o que menos gasta, mas não é para ser referência alguma de uma boa gestão, pelo contrário, trata-se de um Congresso dos mais caros do mundo. Leiam as chamadas das reportagens para depois se inteirarem da sua completude lendo na fonte original. Aqui, por se tratar de um trabalho investigativo, cumpre-nos apresentar os principais números. Ao final do capítulo apresentaremos um Quadro Resumo de todos estes gastos

8.3.1 " Governo gasta R$ 20,6 bilhões para bancar o Legislativo"
https://www.em.com.br/app/noticia/politica/2014/04/07/interna_politica,516136/governo-gasta-r-20-6-bilhoes-para-bancar-o-legislativo.shtml
André Shalders postado em 07/04/2014 06:00 / atualizado em 07/04/2014

"Brasília - Uma montanha de dinheiro: R$ 20.587.541.643,95. Esse foi o gasto total do Estado com a manutenção do Congresso Nacional, de 26 assembleias legislativas, da Câmara Legislativa do Distrito Federal (CLDF) e de apenas 37 câmaras municipais no período de um ano. Se fosse uma nação, o Legislativo brasileiro teria o orçamento equivalente ao Produto Interno Bruto (PIB) de países como Madagascar, na

costa africana, ou a Armênia, no Leste Europeu, de acordo com dados de 2012 do Banco ***Mundial.*** *"*

8.3.2 *"Congresso brasileiro é um dos mais caros do mundo"*

https://congressoemfoco.uol.com.br/especial/noticias/congresso-brasileiro-e-um-dos-mais-caros-do-planeta-veja-os-beneficios-pagos-a-um-parlamentar/

"Salários, verbas extras para moradia, funcionários, aluguel de escritório, telefone, veículos, combustível, divulgação do mandato, passagens aéreas, entre outras coisas. Plano de saúde em condições vantajosas e até vitalício. Ajuda de custo equivalente a dois salários adicionais no início e no fim do mandato. Esses são alguns dos benefícios (veja a lista abaixo) que fazem do Congresso Nacional um dos parlamentos mais caros do planeta. "

8.3.3 *"Poder Legislativo custa R$ 1,16 milhão por hora, diz ONG"* Publicado em 29/07/2017 - 19:22 - Por Letycia Bond - Repórter da Agência Brasil Brasília

http://agenciabrasil.ebc.com.br/politica/noticia/2017-07/poder-legislativo-custa-r-116-milhao-por-hora-diz-ong

"Formado pelo Senado Federal e a Câmara de Deputados, o Poder Legislativo custa R$ 1,16 milhão por hora aos cidadãos brasileiros, em todos os 365 dias do ano. Essa é uma conclusão da organização não governamental (ONG) Contas Abertas, divulgada nesta semana. O custo inclui fins de semana,

recessos parlamentares e as segundas e sextas-feiras, quando os parlamentares deixam a capital federal e retornam para suas bases eleitorais."

8.4 Os Gastos com Aposentadorias e Indenizações de Anistiados Políticos Civis

Este subcapítulo apresentará os gastos com aposentadorias e indenizações pagas aos Anistiados políticos que lutaram para implantar um regime comunista no Brasil, pré-revolução de 1964 e que foram rechaçados pelo Exército brasileiro. Para garantir que este regime de esquerda não ascendesse ao poder, eles, os militares, se perpetuaram no poder por um período de 20 anos. Muitos destes anistiados nem eram comunistas de fato, mas simplesmente discordavam do Regime Militar que imperou no período de 1964 até 1985. Entre os muitos descontentes com o regime, estavam os artistas e intelectuais de vários matizes e tendências que, vez por outra, se indispunham contra os militares, ora nem isso, mas eram vistos com reservas pelo sistema de poder reinante à época. Geralmente quando essas indisposições e opiniões contrárias se chocavam o "fulano" era visto como "*persona non grata*" e se via na necessidade de sair do país.

Fala-se em Anistiado Político por força que esta expressão ganhou ao longo dos anos em que foi usada, mas a grande maioria dos anistiados de hoje não eram políticos profissionais à época. Os políticos daquele momento histórico arrumaram maneiras bastante criativas para conviver com o Regime Militar até a sua abertura final. Realmente, o "grosso da tropa" que foi perseguido e vigiado pelos militares eram estudantes, sindicalistas, artistas, operários e cidadãos comuns, que de uma forma ou de outra tinham abraçado a causa do socialismo. O plano principal da esquerda brasileira era a implantação de uma Ditadura Comunista, a exemplo de Cuba, que teve total apoio da União Soviética. Era de onde emanava, e continuam controlando através da Rússia, os planos mundiais para transformar o mundo em uma grande sociedade socialista. Estranhamente, quase todos estes perseguidos pelo regime militar acabaram por virar político profissional quando foi concedida a abertura política no país. A abertura brasileira se deveu muito mais ao fato da Ditadura Militar da Argentina ter fracassado, pois ela tinha acabado de perder a Guerra da Malvinas para a Inglaterra, do que pelo esforço desses bravos dissidentes brasileiros. Os arruaceiros e terroristas do passado viraram presidentes do Brasil, senadores, deputados federais, estaduais e ministros. Toda a sorte possível de apadrinhados políticos que estão se locupletando no poder desde a abertura em 1985, em uma grave e crescente espiral de corrupção, criminalidade e impunidade.

Estamos vivenciando 33 anos de governos socialistas que compreendem o período de 1985 a 2018, entremeados por um curto e reduzido mandato do atabalhoado presidente Fernando Collor de Mello, que mais se identificava com uma direita progressista. Chegamos ao fundo do poço nestes 13 anos de poder do Partido dos Trabalhadores que, além de quebrar a economia interna por total incompetência, emprestou dinheiro a fundo perdido para países participantes do Fórum de São Paulo e ditaduras africanas.

Quando eu era jovem, nos meus vinte anos, lia livros de torturados pela "Ditadura Militar" e ficava extremamente emocionado com tanto sofrimento e isto me fez passar a hostilizar os militares da época. Gostava do regime de esquerda comunista/socialista e achava que Cuba era um exemplo a ser seguido. Cheguei a ser cooptado por um colega a entrar no Partido Comunista. Não lia nada sobre política, história contemporânea e por isto não tinha a menor ideia da realidade do Comunismo no mundo. Processo semelhante acontece atualmente com os nossos universitários, das escolas governamentais, que passaram por uma longa e profunda lavagem cerebral. Sabe-se lá quanto tempo mais vai durar esta clara tendência à esquerda das universidades federais, escolas estaduais, municipais, da imprensa e da cultura de maneira geral. Hoje assistimos, ganhando aposentadorias e indenizações milionárias do Estado brasileiro, pessoas que se disseram defensoras do que propriamente? Da implantação de uma ditadura de esquerda no Brasil? Como disse um destes famosos perseguidos políticos, que se negou a entrar com pedido de aposentadoria e indenização contra o Estado brasileiro: - "Eu não entrei nessa estória para fazer pé de meia e muito menos ganhar uma aposentadoria. Eu tinha os meus ideais. "

Dentro deste contexto de avaliação perguntamos: - O que realmente a Revolução de 64 produziu de perseguidos, presos, cassados exilados e deportados políticos? Quantos eram à época e quantos somam hoje como anistiados políticos recebendo indenizações milionárias e gordas aposentadorias acima do teto constitucional, inclusive? É de se esperar que a quantidade de anistiados hoje em dia seja menor do que foi no auge e final do regime militar, até porque as pessoas maduras daquela época estão muito velhinhas nos dias atuais e, obviamente, muitos já morreram. Porém a Lei Federal 10.559/2002, que garantiu toda uma série absurda de privilégios, inclui a perpetuação das benesses para cônjuges e descendentes dos perseguidos políticos. Até quando? Perguntamos novamente, para não afundar ainda mais em despesas absurdas, mantendo o **Corporativismo Colonialista** em alta, como fator dominante de uma sociedade que nasceu e cresceu torta?

Concluímos, através de breve investigação das informações disponíveis, que hoje existem mais anistiados políticos recebendo aposentadorias do que eram no passado. Fala-se, na grande imprensa, em um número de 10 mil anistiados como sendo o total de indivíduos que recebem benefícios de indenizações em uma única parcela e pensões sendo pagas mensalmente. Sabemos que este número pode ser 35.588 se levarmos como correto o seguinte arquivo que segue no link:
http://anistiapolitica.org.br/abap3/wp-content/uploads/2015/08/lista-anistiados-31-07-15.pdf

Como pode ser confirmado no próprio documento, trata-se de uma atualização feita em 31/07/2015, de uma Relação de Anistiados Políticos, composta de 2.542 páginas, cada uma com 14 nomes de anistiados. Fazendo a multiplicação de 14 x 2542 chegamos ao número de 35.588 anistiados. Porém, ainda mais preocupante do que esta já enorme quantidade, é o número de pedidos de pretendentes à Anistia: 75 mil pedidos sobre as mesas dos 25 conselheiros que compõem a Comissão da Anistia! Somados aos 35,6 mil atuais teremos ao final desta trama macabra contra o estado brasileiro a cifra de 110 mil anistiados. Para por aí? Realmente é impossível saber, pois os pedidos de novas avaliações de candidatos a anistiados entram todos os dias na Comissão de Anistia. Apresentamos a seguir alguns números, relacionados a quantitativos, de perseguidos políticos em tempos diferentes de levantamento, para dar a real dimensão do quão absurdo são estes números atualmente.

"Criada em 2002, a Comissão de Anistia tem a finalidade de reparar moral e economicamente vítimas de atos de violação aos direitos humanos. O colegiado é composto por 25 conselheiros e, segundo o ***Ministério da Justiça****, conta com mais de 75 mil pedidos de anistia protocolados. "*

http://g1.globo.com/politica/noticia/2016/11/ministerio-da-justica-publica-lista-com-anistiados-politicos-no-diario-oficial.html

PERSEGUIDOS POLÍTICOS DA REVOLUÇÃO DE 1964 - Estimativa Horizonte 1

Situação	Números Absolutos
Cassados pelo AI-5	1.583
Ex. Presos Banidos	128
Estudantes Atingidos pelo 477	263

Demitidos Civis, militares, professores e cientistas	3.860
Demitidos- Funcionários públicos	10.000
Presos Condenados pela Lei de Segurança Nacional	200
Desaparecidos políticos	360
Presos políticos	25.000
Exilados	10.000
Total dos envolvidos	**51.394**

PERSEGUIDOS POLÍTICOS DA REVOLUÇÃO DE 1964 - Estimativa Horizonte 2

Situação	Números Absolutos
Denunciados	7.367
,Indiciados	6.385
Declarantes	1.485
Testemunhas	2.183
Cassados pelo AI-137	2.985
Total dos envolvidos	**20.405**

http://www.repositorio.ufc.br/bitstream/riufc/7173/1/2006-TESE-DNGONCALVES.pdf

Considerando que o número de 51.394 tenha um mínimo de conexão com a realidade dos perseguidos políticos da revolução de 1964, situação que pessoalmente não acreditamos ser fidedigna da realidade vivida à época, é urgente e necessário fazer as devidas averiguações, inclusive desta própria fonte de dados. Constata-se que podemos chegar a um número 114,17% (110 mil/51,39 mil) maior de anistiados do que aqueles que realmente se viram envolvidos contra o regime militar. Coisas de Brasil? Sabe-se que muitos indivíduos, e não foram poucos, se negaram a entrar com processos para requerer a anistia. Entretanto aberrações do tipo: ser aluno do Colégio Estadual de Belo Horizonte, Minas Gerais, no período de 1968 a 1975, serviu de pré-requisito inicial para se entrar com pedido de pensão de perseguido político. Particularmente, eu mesmo estudei nesta escola em período posterior (poucos anos de diferença) à presença de outra aluna famosa. Ela conseguiu ser o pior presidente da república que o país já teve em toda a sua história: Dilma Rousseff.

Fazendo uma rápida análise sociológica deste quadro (ou deste "estado de coisas"), um desavisado observador, desconhecedor da nossa cultura, poderia tirar a seguinte conclusão: o povo brasileiro é descompromissado com a honestidade e gosta de tirar vantagens até com o uso do que é ilícito e amoral. Não enxergamos desta maneira simplista, até porque vamos demonstrar no Capítulo 9 que não somos os mais corruptos do planeta. Demostraremos que todos os povos possuem uma parcela de seus integrantes com tendência quase natural ao mundo da criminalidade. O que enxergamos na realidade é que toda a estrutura social, administrativa e legal do Brasil leva o cidadão a se aproveitar do que leis, em extrema abundância, malfeitas intencionalmente e permeadas de falso senso de justiça social, o permitem. Escritórios de advocacia vivem e se sustentam através desta estrutura sobrecarregada de leis e dispositivos recursais abundantes no meio jurídico. Muitas vezes se contradizendo e criando um verdadeiro pandemônio legal: quem chegar primeiro será beneficiado! Aqui prevalece a mentalidade Colonialista de que o Estado, o Rei, deve tudo gerir e prover em prol dos seus amigos e parceiros. Não há na nossa formação cívica a noção mínima de que quem forma o Estado é basicamente o seu povo e não o detentor do poder que está ali temporariamente.

Então, após todas estas ponderações, podemos passar a listar os verdadeiros descalabros que o **Corporativismo Colonialista** proporcionou a estes "pobres perseguidos políticos" que tanto lutaram para nos meter em uma gélida ditadura de esquerda. Vejam e assistam o quanto o Estado brasileiro paga por ser "tão bonzinho".

8.4.1 *"Indenizações a anistiados políticos da ditadura já consumiu R$ 13,4 bilhões nos últimos 22 anos"*

https://www.gazetadopovo.com.br/blogs/lucio-vaz/2017/12/01/indenizacao-anistiados-politicos-ja-consumiu-r-134-bilhoes-dos-cofres-publicos/

"A reparação econômica a civis e militares que foram perseguidos, punidos, demitidos, presos ou cassados durante a ditadura militar (1964-1985) já custou R$ 13,4 bilhões aos cofres públicos nos últimos 22 anos. A dívida que restou da ditadura seria suficiente para construir a Ferrovia Transnordestina ou fazer a Transposição do Rio São Francisco,

com sobras. Atualmente, cerca de 10 mil anistiados recebem indenizações mensais – em alguns casos em valores acima do teto constitucional (R$ 33,7 mil). Há casos de pagamentos retroativos que superaram R$ 2 milhões. "

8.4.2 *"A empulhação da bolsa-ditadura"*

https://veja.abril.com.br/blog/reinaldo/a-empulhacao-da-bolsa-ditadura/

"Paulo Abrão, presidente da Comissão de Anistia do Ministério da Justiça, considerou um "retrocesso" a revisão do valor de algumas indenizações pagas a "perseguidos políticos" ou a seus familiares. É mesmo? A indenização virou a farra do boi. Há alguns casos realmente fabulosos. O cartunista Ziraldo, que ficou rico com o jornal Pasquim, recebeu R$ [...]"

8.4.3 *"Das 100 maiores indenizações, 70 são da Petrobras"*

https://congressoemfoco.uol.com.br/especial/noticias/das-100-maiores-indenizacoes-da-anistia-70-sao-da-petrobras/

"Das 100 maiores indenizações mensais pagas a anistiados políticos, 70 são de ex-funcionários da Petrobras, informa o jornal O Globo. Segundo dados do Ministério do Planejamento, a maior indenização mensal é paga a um engenheiro sênior da estatal, no valor de R$ 38 mil. Mas, de acordo com o ministério, ele recebeu R$ 33,7 mil, valor do teto

constitucional do funcionalismo público. No entanto, alguns dos anistiados conseguiram na Justiça o direito de receber a prestação na integralidade. Os valores são isentos do Imposto de Renda. "

8.4.4 Nomes dos anistiados políticos podem ser consultados no Portal da Transparência

http://www.portaltransparencia.gov.br/busca/pessoa-juridica/00937483000155-associacao-brasileira-de-anistiados-politicos

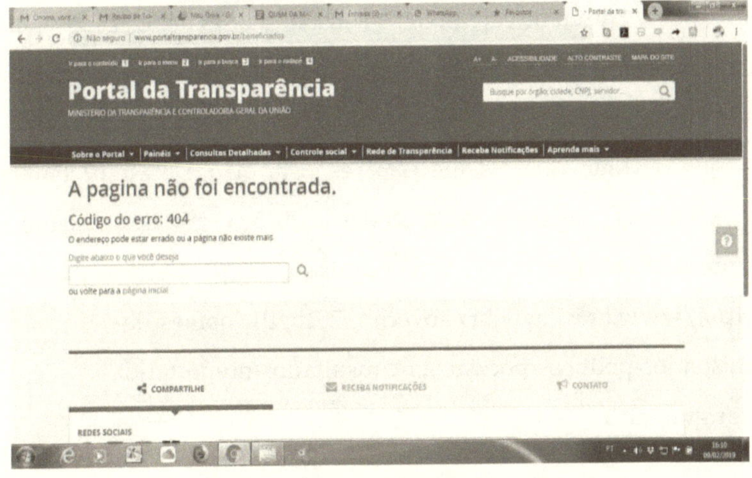

Como se vê pelo link do Portal da Transparência, criado, mantido e atualizado pelo governo brasileiro - difícil de ser usado para pesquisas, necessitando de muitas horas de consulta para se chegar a algum resultado - criou-se até a Associação Brasileira de Anistiados Políticos. A "mamata" ficou tão boa que valeu a pena montar uma associação com CNPJ, fundada em 01/11/1995 e, provavelmente, responsável por todas as despesas inerentes a uma entidade jurídica desta natureza. A pretensa reparação do sofrimento e perdas sofridas pelos perseguidos da Revolução de 64 acabou virando um lucrativo negócio. Esta Associação e outras congêneres são alguns dos tentáculos operacionais do **Corporativismo Colonialista**, não temos a menor dúvida quanto a isto. Teoricamente qualquer cidadão brasileiro ou estrangeiro tem acesso ao Portal da Transparência para verificar quais são os Marajás desta categoria. Pelo fato de tratar-se de milhares de informações disponibilizadas, tornam o trabalho de pesquisa extremamente exaustivo, senão inviável para pesquisadores amadores. Entretanto, quando se entra no Portal da Transparência para acessar a Lista dos Anistiados, pessoas físicas, encontra-se a seguinte resposta:

Muito interessante esta resposta, não é mesmo? Parece que este recurso está desativado desde 2015. Veja o link a seguir e tente fazer, você mesmo, a sua pesquisa:

http://www.brasil.gov.br/governo/2015/01/nomes-de-anistiados-politicos-podem-ser-consultados-no-portal-da-transparencia

8.5 Os Gastos com Aposentadorias e Indenizações de Anistiados Políticos Militares

Mas, espere aí, não foram os militares os vilões responsáveis pelo Regime de Exceção, ou a Ditadura Militar, como gostam de se referir a eles os socialistas brasileiros? Como pode existir a categoria de Anistiados ou perseguidos políticos dentro do nosso Exército, Marinha e Aeronáutica? Não foram eles os algozes dos civis, segundo a velha cantilena da esquerda? Por mais estranho que esta situação possa parecer ou soar para um estrangeiro que queira estudar a história contemporânea brasileira, ele terá que se defrontar com este estado de total subversão dos fatos. Temos que admitir que, dentro das fileiras do nosso exército havia germinado a semente do comunismo, fato que não é isolado e nem exclusivo das forças armadas brasileiras. Outras forças armadas de diversas nações do mundo já foram cooptadas também. O nosso ineditismo fica por conta das indenizações e aposentadorias, também milionárias para os padrões do brasileiro médio, pagas aos militares comunistas ou dissidentes da ordem geral militar. Não por acaso estes benefícios são bem menos comentados e expostos pela mídia ao público brasileiro. Parece haver um determinado acordo tácito entre as partes, de forma que este assunto não ganha o destaque que ele mereceria. A nosso ver, as forças armadas brasileiras, após conceder a abertura política ao país, se recolheram para dentro das Casernas, cheias de privilégios em termos de aposentadorias e ganhos para os seus membros da ativa e da reserva.

Pelo motivo exposto anteriormente, sabemos que o exército, tão cedo, não encabeçaria uma nova tomada do poder após tê-lo exercido durante 20 anos. A motivação para esta atitude é bastante simples: - As forças armadas não detêm o Poder por elas próprias! Cabem a elas dar o suporte e a força inquestionável para quem assume ou ascende ao Poder. O militar, apesar de ser muito bem preparado em áreas técnicas e administrativas, não cobiça o Poder em si como doutrina de formação. Isto ficou bastante claro durante o período em que eles se mantiveram à frente do Executivo. O fizeram a pedido da sociedade e políticos da época, mas sempre com o administrador civil por detrás dos bastidores, ajudando a traçar os destinos da nação e se preparando para retornar ao poder.

Passado o espanto desta primeira pegada, vamos aos números astronômicos das indenizações e aposentadorias daqueles militares que deveriam ter protegido o país das forças externas de ideologia esquerdista. Agora somos obrigados, por força de Lei federal 10.559/2002, a mantê-los comodamente aposentados.

8.5.1 Custos Anuais (Mensais e Indenizações) do Exército, Marinha e Aeronáutica.

Antes de entrarmos nas informações propriamente ditas dos valores das pensões mensais e indenizações pagas aos militares de esquerda, que foram perseguidos, punidos, demitidos, presos ou cassados durante o Regime Militar (Ditadura Militar), cumpre-nos informar o seguinte:

- Existe um número aproximado de 3.696 anistiados militares das três armas: Exército, Aeronáutica e Marinha;

- Que este número de anistiados, tal qual o de civis, tende a subir a cada ano que passa e não a diminuir, como se poderia pretender em uma administração de austeridade do recurso público. Dois importantes dispositivos da referida lei da Anistia garantem que os benefícios mensais (aposentadorias) passem para os dependentes do perseguido político;

- O benefício pode ser solicitado de Ofício por qualquer cidadão que tenha se sentido perseguido no período em questão.

https://www.defesa.gov.br/anistia

Clique nas opções abaixo para ter acesso às planilhas com as indenizações mensais e única dos beneficiados pela Lei nº 10.559/2002.

Indenizações únicas de beneficiados	Indenizações mensais de beneficiados
Marinha do Brasil - junho/2018 (Atualizado em 06/07/2018) Marinha do Brasil - julho/2018 (Atualizado em 21/08/2018) Marinha do Brasil - agost/2018 (Atualizado em 02/10/2018)	Marinha do Brasil - junho/2018 (Atualizado em 26/07/2018) Marinha do Brasil - julho/2018 (Atualizado em 21/08/2018) Marinha do Brasil - agost/ 2018 (Atualizado em 02/10/2018)
Marinha do Brasil - setem/2018 (Atualizado em 25/10/2018) Marinha do Brasil - outub/2018 (Atualizado em 30/11/2018) Marinha do Brasil - nove/2018 (Atualizado em 21/12/2018)	Marinha do Brasil - setem/2018 (Atualizado em 25/10/2018) Marinha do Brasil - outub/2018 (Atualizado em 30/11/2018) Marinha do Brasil - nove/2018 (Atualizado em 21/12/2018)
Exército do Brasileiro - junho/2018 (Atualizado em 06/07/2018) Exército do Brasileiro - julho/2018 (Atualizado em 21/08/2018) Exército do Brasileiro - agosto/2018 (Atualizado em 02/10/2018)	Exército do Brasileiro - junho/2018 (Atualizado em 06/08/2018) Exército do Brasileiro - julho/2018 (Atualizado em 21/08/2018) Exército do Brasileiro - agosto/2018 (Atualizado em 02/10/2018)

(Continuação)

Indenizações únicas beneficiados	Indenizações mensais de beneficiados
Exército do Brasileiro - setembro/2018 (Atualizado em 25/10/2018)	Exército do Brasileiro - setembro/2018 (Atualizado em 25/10/2018)
Exército do Brasileiro - outubro/2018 (Atualizado em 30/11/2018)	Exército do Brasileiro - outubro/2018 (Atualizado em 30/11/2018)
Exército do Brasileiro - novembro/2018 (Atualizado em 21/12/2018)	Exército do Brasileiro - novembro/2018 (Atualizado em 21/12/2018)
Força Aérea Brasileira - junho/2018 (Atualizado em 06/07/2018)	Força Aérea Brasileira - junho/2018 (Atualizado em 06/08/2018)
Força Aérea Brasileira - julho/2018 (Atualizado em 21/08/2018)	Força Aérea Brasileira - julho/2018 (Atualizado em 21/08/2018)
Força Aérea Brasileira - agosto/2018 (Atualizado em 02/10/2018)	Força Aérea Brasileira - agosto/2018 (Atualizado em 02/10/2018)
Força Aérea Brasileira - setembro/2018 (Atualizado em 25/10/2018)	Força Aérea Brasileira - setembro/2018 (Atualizado em 25/10/2018)
Força Aérea Brasileira - outubro/2018 (Atualizado em 30/11/2018)	Força Aérea Brasileira - outubro/2018 (Atualizado em 30/11/2018)
Força Aérea Brasileira - novembro/2018 (Atualizado em 21/12/2018)	Força Aérea Brasileira - novembro/2018 (Atualizado em 21/12/2018)
Acesse aqui a tabela completa com os dados das três Forças Armadas (.csv).	

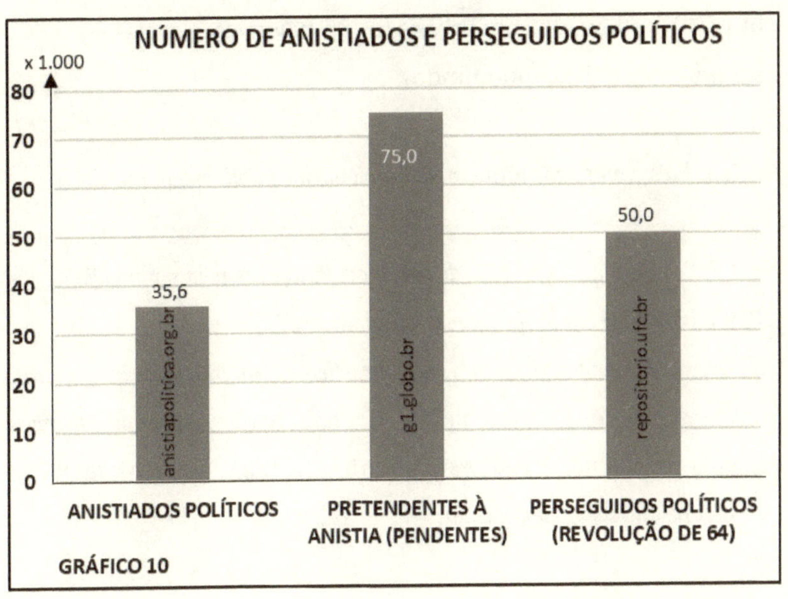

GRÁFICO 10

7.6 A Quantidade de Funcionários Públicos no Brasil e demais países

Pesquisamos em um Blog, de clara orientação política à esquerda, uma reportagem demostrando que o número de funcionários públicos do Brasil não é tão grande quanto se imaginava, tendo em vista o alto custo que representa nas contas governamentais. Para boa surpresa de nós brasileiros, preocupados com este índice não muito glorioso, o percentual de funcionários públicos em relação à população de um país, segundo a reportagem deste Blog ("Bemblogado"), não estamos nem entre as 15 primeiras colocações. A seguir listamos o link da referida reportagem e transcrevemos em parte os principais trechos para fazermos algumas ponderações.

http://bemblogado.com.br/site/os-15-paises-com-mais-servidores-publicos-no-mundo/

"Qual País com maior número de funcionários públicos no mundo?

Será que a relação de servidores públicos pela população de um País é indicador chave de sucesso ou insucesso?

De maneira geral, nós brasileiros entendemos que quanto menos servidores públicos melhor. Contudo muitos países de primeiro mundo tem um número expressivamente maior que o nosso em termos de servidores públicos / população.

A OECD – Organização para a Cooperação e Desenvolvimento Econômico publicou um estudo com os países que mais possuem servidores públicos no mundo, o número é sobre o percentual da população total.

Este estudo foi realizado em 2015 e o link para o artigo completo está no final deste post.

15 – Japão – 5.9 % da população é composta por funcionários públicos.

14 – Coréia do Sul – 7.6 %
13 – Alemanha – 10.6 %
12 – Turquia – 12.4 %
11 – Itália – 13.6 %
10 – Estados Unidos da América – 15.3 %
9 – Espanha – 15.7 %
8 – Reino Unido – 16.4 %

7 - Grécia - 18 %
6 - Canada - 18.2 %
5 - França - 21.4 %
4 - Finlândia - 24.9 %
3 - Suécia - 28.6 %
2 - Dinamarca - 29.1 %
1 - Noruega - 30 %

E no Brasil, quantos servidores públicos existem?

O Brasil possui cerca de 3,12 milhões de servidores públicos. O que significaria cerca de 1,6% da população brasileira. "

A referida matéria de reportagem é tão capciosa e tendenciosa que fica fácil para o mais tolo observador derrubar as suas argumentações, que defendem ter o Brasil um baixíssimo índice percentual de funcionários públicos em relação à sua população. Podemos começar por dizer que os dados utilizados da Organização para a Cooperação e Desenvolvimento Econômico - OECD - foram transcritos de maneira incorreta. Neste ano de 2015 os EUA não forneceram o seu índice e, o mais importante, que não é esclarecido pela reportagem, se a população a que se referem os tais índices trata-se do total ou da economicamente ativa. Outro erro grosseiro cometido é o fornecimento do número de funcionários públicos do Brasil como sendo de 3,12 milhões. Esta quantidade, segundo fontes seguras e confiáveis do IPEA em levantamento de 2016, é de aproximadamente 11,5 milhões, não considerando os funcionários de Estatais, estes últimos rondando perto de 500 mil funcionários.

Esta mesma fonte, o IPEA, fornece para este mesmo ano um total de 67,14 milhões de postos de serviços (público, privado, sem fins lucrativos, etc.). Se fizermos o cálculo do percentual de funcionários públicos com o número real, utilizando o total de postos de trabalho, população economicamente ativa, chegamos ao percentual de 17,13%. Este percentual nos colocaria em 8º lugar na listagem fornecida pela reportagem do Blog em foco. Mesmo considerando a população total do Brasil de 2016 em torno de 200 milhões, ainda assim conseguiríamos ficar próximos dos 15 países do mundo com o maior número percentual de funcionários públicos, com o índice de 5,75%. Para quem quiser conferir os números e outros dados importantes para a compreensão mais plena, consulte o link abaixo do IPEA.
http://www.ipea.gov.br/atlasestado/

Mais preocupante do que tão somente a quantidade de funcionários públicos de um país em relação a sua população - e demonstramos aqui que a nossa é uma das maiores do mundo - é o que se gasta com a manutenção dos mesmos. Seja ela da ativa ou de aposentados, quando se sabe tratar-se aí incluídos, neste meio, verdadeiros Marajás do funcionalismo. Já dissemos aqui e vamos repetir, para não cometer injustiças com os competentes e indispensáveis funcionários públicos do Brasil das três esferas (Federal, Estadual e Municipal): o que dilapida o orçamento governamental não é o servidor público necessário e bem remunerado, mas as regras de exceção que os transformaram em verdadeiros príncipes, tamanha a riqueza que podem acumular em vida. Associado ao inchaço descomunal da máquina pública, retroalimentada para lidar com uma burocracia cada vez mais complexa e absurda. Em função desta anomalia administrativa tem-se que criar o fiscal do fiscal do fiscal, dentro de uma rede interminável de níveis de responsabilidade. Estamos caminhando para uma situação verdadeiramente insustentável que levará fatalmente à falência absoluta do Estado. Ele se tornará incapaz de providenciar o básico para a sua população em termos de saúde, segurança e educação, porque toda a sua arrecadação será consumida para pagar salários e aposentadorias cada vez mais onerosos. Aliás, já estamos vivendo nestas condições.

9- O PIB BRASILEIRO E OS GASTOS GOVERNAMENTAIS

9.1 Definição do Produto Interno Bruto - PIB

Apesar deste tema sair um pouco do objetivo da pesquisa deste livro, não há como deixar de expor os principais componentes numerários que formam o Produto Interno Bruto do Brasil, o PIB. É a nossa vida, do dia-a-dia como cidadão, em atividade laboral e empresarial que constrói este resultado. Cada um de nós é responsável pela composição deste índice criado pela ONU no final da década de 50 para comparar riquezas nacionais entre países. Tínhamos o conceito vulgar deste termo como se fosse unicamente composto pela riqueza gerada por sua população. Dito isto não nos ocorreu que ele é composto também por Despesas e Investimentos governamentais. Obviamente sabemos que Estado/governo nada produz em termos de riqueza, mas tão somente taxa produtos e serviços da sua população e empresas comerciais locais e exportadoras. Por consequência podemos ter um alto valor de Produto Interno Bruto muito mais em função de Despesas Governamentais do que Investimentos em saúde, educação, segurança e infraestrutura para catapultar um maior desenvolvimento. Trocando em miúdos, de que adianta ter o 7º ou 8º PIB do mundo se gastamos desenfreadamente com despesas aplicadas em uma pesadíssima máquina pública e não em investimentos para o desenvolvimento do país? O conhecimento pleno deste número é importantíssimo para esta avaliação. Temos, portanto, o direito e a obrigação de acompanhar o emprego mais correto das parcelas que o compõem, bem como a sua destinação, para fazermos do nosso país um local melhor para se viver.

Por definição simplificada podemos tomar a seguinte descrição do que é Produto Interno Bruto: "*A forma mais simples de calcular o PIB é somar todas as riquezas produzidas no período escolhido, incluindo empresas nacionais e estrangeiras localizadas em território nacional. Como dito anteriormente, entra no cálculo somente o produto final, e não o gasto com matéria-prima. Exemplo: a extração da madeira é matéria-prima, mas o lápis é o produto final. Somente este último entra no cálculo do PIB.* "

A fórmula do PIB é relativamente simples. Ela é a soma de quatro fatores:

PIB = C+I+G+Nx

Produto Interno Bruto = Consumo + Investimentos + Gastos Públicos + Saldo da Balança Comercial"

Para mais informações básicas e simplificadas sobre o que é o PIB pode-se pesquisar os links seguintes:
https://t2.com.br/blog/pib-x-gastos-publicos-federais/
https://www.infoescola.com/economia/produto-interno-bruto/

O quadro a seguir, mostrando a variação do PIB do Brasil no período de 1967 a 2016, é a forma mais simples de avaliar o país em termos de avanços desenvolvimentistas e recuos devidos às crises financeiras nacionais e internacionais. Ele é um verdadeiro retrato da nossa história política, econômica e social contemporânea.

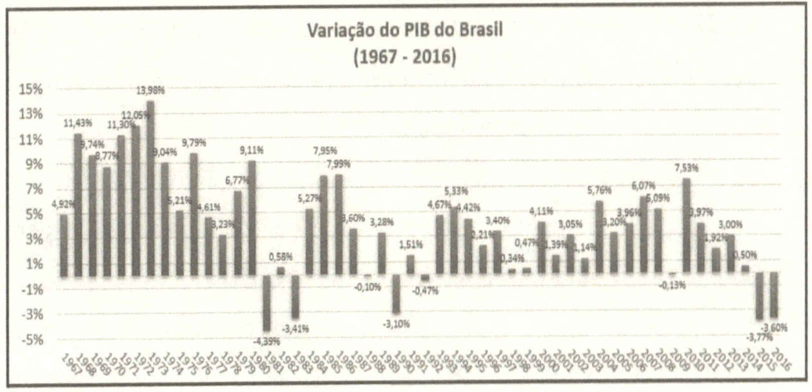

Em uma breve passada por este quadro com as variações percentuais do PIB podemos deduzir resumidamente os seguintes fatos:

1- O período compreendido entre os anos de 1967 a 1980, período em que os militares estavam no auge do seu poder, foi quando o PIB apresentou as maiores variações positivas, resultado de um crescimento financeiro real da economia brasileira;

2- Ainda durante o Regime Militar, de 1980 a 1983, experimentamos as piores variações percentuais negativas, resultado inconteste da Crise mundial do Petróleo. Quando os Xeiques árabes resolveram aumentar sobremaneira o preço internacional deste produto. O índice negativo mais baixo de todo o período, - 4,39%, aconteceu no ano de 1983. A segunda maior variação negativa do PIB, de - 3,77%, ocorreu no governo de Dilma Rousseff, no ano de 2015;

3- De 1984 a 1987 a variação percentual do PIB volta a ser positiva, com altos valores, reproduzindo o bom momento pós-crise internacional do Petróleo;

4- A partir do ano de 1987 até 1992 a inflação interna gera um período instável de variação percentual do PIB, com predominância para resultados negativos;

5- De 1993 até 2009, vivemos um período dourado de crescimento da nossa economia, com variações positivas percentuais do PIB. Isso denota como o Plano Real dos governos de Itamar Franco e Fernando Henrique funcionou para debelar a hiperinflação que vinha assolando a classe média e as menos favorecidas. Associado à estabilidade econômica do Plano Real e a economia mundial que nunca havia crescido tão vertiginosamente nos últimos 100 anos de história, fez pensar que o governo de Luiz Inácio da Silva tinha sido responsável por esta tremenda arrancada na economia. Na verdade, perdemos o "bonde do crescimento da história", pois enquanto a economia chinesa/oriental crescia 10%-15% ao ano, não passamos dos 4,0% aqui no Brasil;

6- A partir do ano de 2010 até 2016 voltamos a experimentar novamente valores percentuais pífios da variação do PIB, até atingir a segunda pior variação negativa de todo o período compreendido entre 1967 a 2016, seguida da terceira pior taxa deste período. Obviamente a grave crise econômica dos Estados Unidos da América de 2007, devido à bolha imobiliária interna, levou o mundo inteiro a sofrer sérios reveses em suas taxas de crescimento. Somente a partir da visualização do crescimento negativo da nossa economia conseguimos enxergar o quanto a política Petista tinha sido pessimamente malconduzida por seus representantes.

O quadro com as variações percentuais do PIB neste período e mais informações podem ser consultadas na matéria integral do seguinte link:

https://pt.wikipedia.org/wiki/Produto_interno_bruto_do_Brasil

9.2 O PIB e os Gastos Governamentais Ano Base 2016

Apresentaremos a seguir as parcelas que compõem o nosso PIB, ano de 2016. As destinações das Despesas e Investimentos governamentais, mais a parcela relativa a Consumo da População, Investimentos Governamentais e Particulares e Saldo da Balança Comercial.

1. Total do PIB de 2016..	- R$ 6,36 trilhões
Total das Despesas do Orçamento Autorizado da União	- R$ 2,9 trilhões
2.1 Dívida Pública	- R$ 1,35 trilhões
2.2 Previdência social	- R$ 572 bilhões
2.3 Encargos Especiais..................................	- R$ 345 bilhões
2.4 Saúde	- R$ 109 bilhões
2.5 Educação	- R$ 103 bilhões
2.6 Reserva de Contingência.........................	- R$ 96 bilhões
2.7 Assistência Social....................................	- R$ 77 bilhões

2.8	Trabalho	-	R$ 72 bilhões
2.9	Defesa Nacional	-	R$ 59 bilhões
2.10	Outras Despesas	-	R$ 12 bilhões
Parcela relativa a Consumo da População, Investimento e Saldo da Balança comercial		-	R$ 3,46 trilhões
3.1	Consumo da População	-	R$ 2,10 trilhões
3.2	Investimento	-	R$ 0,45 bilhão
3.3	Saldo da Balança Comercial	-	R$ 0,91 bilhão

Para consultar as Despesas Governamentais veja o link: https://www.politize.com.br/gastos-do-governo-federal/

Para consultar o Saldo da Balança Comercial veja o link: http://www.mdic.gov.br/comercio-exterior/estatisticas-de-comercio-exterior/balanca-comercial-brasileira-acumulado-do-ano

Para consultar o Consumo da População veja o link: https://www.correiobraziliense.com.br/app/noticia/economia/2018/12/02/internas_economia,722736/pib-aumenta-mas-consumo-perde-folego.shtml

Faremos uma breve e simplificada análise do que se compõem e representam os valores das Despesas e Investimentos Governamentais. Em primeiro lugar vamos analisar a Dívida Pública, que consumiu em 2016 a bagatela de 1,35 trilhões de reais. Parte deste valor destina-se a Refinanciamento da Dívida, que representa o valor de R$ 880,00 bilhões. O governo emite novos Títulos da Dívida Pública para "rolar" o valor que ele não consegue pagar. De Juros e Encargos da Dívida Pública o governo pagou 304,00 bilhões de reais, considerando que a taxa SELIC, determinado por ele próprio, é de 14% ao ano. Imaginem vocês se o governo tivesse que pagar a taxa de juros que é cobrada do cidadão comum quando ele fica inadimplente com o banco! É próximo de 14% sim, mas ao mês! Como se pode entender este sistema financeiro que vigora no Brasil? Para finalizar o que compõe a Dívida Pública, resta o valor de 166 bilhões de reais que é o montante que o governo está disposto a Amortizar na Dívida.

A próxima Despesa é para pagar os aposentados e pensionistas do Brasil. Trata-se da maior despesa primária do orçamento da União. Em 2016 este valor foi de 572 bilhões de reais. Todos os anos o governo, através da Previdência Social, toma dinheiro emprestado para conseguir pagar todo este montante, porque o sistema previdenciário sozinho não consegue arrecadar o suficiente para ficar com saldo positivo. Em função deste valor estratosférico que não está no Caixa, é fundamental que se aprove a Reforma da Previdência Social no Brasil. Temos a certeza de que esta será das brigas mais acirradas que se travará com as parcelas da população que constituem as fileiras do **Corporativismo Colonialista**. Só a título de curiosidade, para depois fazer uma "continha de padeiro", vamos fornecer o número de cidadãos aposentados no Brasil: aproximadamente 14% da população brasileira, ou seja, 30 milhões de beneficiados. Com a verba utilizada pela Previdência Social, no referido ano de 2016, poder-se-ia pagar a cada um destes aposentados o valor de R$ 19.067,00 em números redondos, divididos irmãmente. Incrível não é mesmo? Somos uma sociedade extremamente injusta que sangra a maioria da população, algo em torno de 90% dela, para pagar aposentadorias milionárias que somam 5% da sua parcela. Durma-se com este barulho!

Para os Encargos Especiais reservou-se R$ 345 bilhões, e vejam a definição do mesmo para ver se dá para entender alguma coisa que não seja para pagar os próprios encargos da Dívida Pública: "*Encargos especiais são todas as despesas às quais não se pode associar um bem ou serviço gerado no processo produtivo corrente. Isso inclui o serviço da dívida, indenizações e ressarcimentos. Para além dos gastos com a dívida pública, há outros R$ 345 bilhões destinados a encargos especiais.* " De fato, este valor deveria ser somado ao da Dívida Pública, perfazendo o montante de R$ 1,7 trilhões.

As demais despesas previstas no Orçamento Autorizado como: Saúde, Educação, Reserva de Contingências, Assistência Social, Trabalho, e Investimentos somados, que são as principais e fundamentais para o bem-estar da população em todos os sentidos, perfazem o montante de R$ 361,45 bilhões. Isto representa somente 5,68% do PIB, que é muito menor do que é gasto somente com a Dívida Pública (R$ 1,7 trilhões de reais) que representa 26,27% do PIB. É esta a dimensão que queremos dar à análise destes números frios e ao mesmo tempo astronômicos, que denotam o quanto custa manter uma estrutura mastodôntica de governo associada a uma casta de privilegiados. Além disto, mostrar também o quanto nos enganamos analisando o número puro e simples do PIB como se tratasse exclusivamente da riqueza de um país. Esquecemo-nos que a participação de investimentos em infraestrutura, neste ano, representou a insignificância de 0,0017% do Produto Interno Bruto em contraposição às despesas governamentais que ficou com 46,33% do montante. Mais uma vez é uma demonstração cabal de que a população brasileira vive para sustentar o Estado e o **Corporativismo Colonialista**.

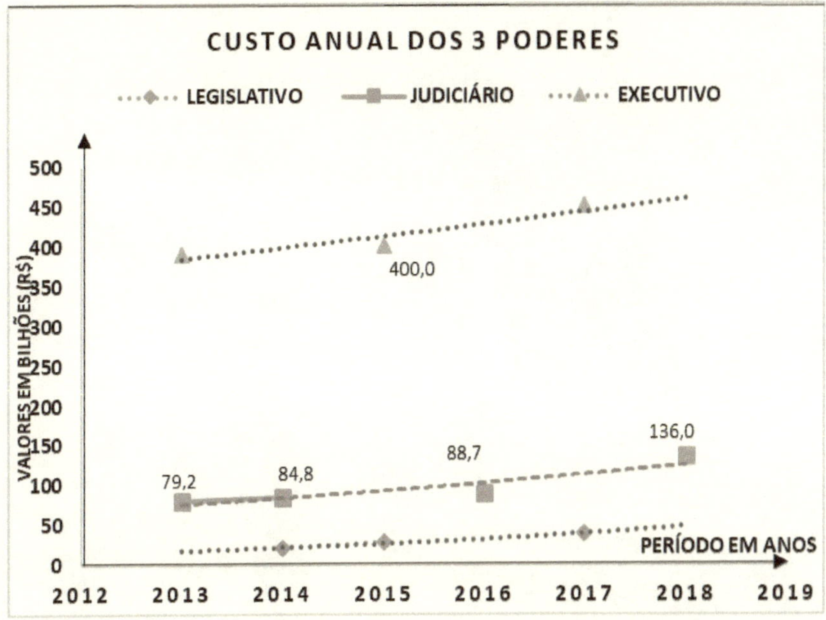

GRÁFICO 09 PODERES LEGISLATIVO E JUDICIÁRIO: FEDERAL, ESTADUAL E MUNICIPAL

Também não está claro neste Orçamento Autorizado da União, data base de 2016, onde ficam os gastos com os poderes Judiciário, Executivo e Legislativo. Só para falar das contas de despesas primárias mais representativas, que podem ser dadas pelos seguintes valores e suas respectivas datas de apuração:

Despesa com o Poder Judiciário:	R$ 84,8 bilhões data base 2016;
Despesa com o Poder Executivo:	R$ 182,7 bilhões data base 2016;
Despesa com o Poder Legislativo:	R$ 20,6 bilhões data base 2012;
Perfazendo um total de:	**R$ 288,10 bilhões.**

10.- UM PARALELO DA CORRUPÇÃO DO BRASIL COM O RESTO DO MUNDO

Em um pronunciamento sobre o crime organizado e a corrupção, Eckart Werthebach, ex-chefe da contraespionagem alemã, diz o seguinte: "*Com seu gigantesco poder financeiro, a criminalidade organizada influencia secretamente toda a nossa vida econômica, a ordem social, a administração pública e a justiça. Em certos casos ela impõe sua lei e seus valores à política. Dessa forma, desaparecem gradualmente a independência da justiça, a credibilidade da ação política e, afinal, a função protetora do Estado de direito. A corrupção torna-se um fenômeno aceito. O resultado é a progressiva institucionalização do crime organizado. Se esta tendência persistir, o Estado logo se tornará incapaz de assegurar os direitos e liberdades civis dos cidadãos.* "Com relação a este comentário, feito por este especialista em contraespionagem, gostaríamos de ponderar que consideramos as estruturas que ele denomina de "corrupção institucionalizada", advinda de uma estrutura política frouxa, e a criminalidade organizada, como estruturas distintas que podem, ou não, se entrecruzarem devido aos interesses dos seus promotores e agentes. O crime organizado atua de forma insidiosa, geralmente com o uso da força física e da violência. Ele atua em um cenário de poder paralelo ao do instituído pelo poder político, onde vivem os cidadãos de bem e pagadores dos impostos oficiais. No mundo do crime não há a menor obediência às leis instituídas pelo Estado, muito pelo contrário, e há em toda a sua estrutura uma total desobediência civil às regras e normas vigentes deste último.

O crime organizado obedece aos seus próprios códigos de conduta, que variam de organização para organização. É o que podemos denominar de "poder paralelo": aquele que comanda o crime organizado, vivendo de forma totalmente autônoma em relação às instituições do Estado. Já na corrupção, seja ela endêmica ou pontual, os agentes passivos e ativos são empresas e pessoas físicas que vivem no mundo das instituições legais, pagando impostos, salários, encargos sociais e todas as demais obrigações que fazem girar a roda do mundo formal legalmente constituído. Esta estrutura de corruptores e corruptíveis fica inteiramente entrincheirada dentro das leis que regem todo o nosso sistema de sociedade legal. As empresas privadas corruptoras entram nas compras governamentais através de licitações públicas e totalmente válidas sob o ponto de vista legal. Quando tais compras públicas são escrutinadas, o que se constata é que elas estão eivadas de dispositivos pré-estabelecidos, capazes de criar chicanas de dificuldades intransponíveis para quem não faz parte da estrutura de corrupção. São criadas leis, através de políticos desonestos alinhados ao sistema de corrupção, capazes de amenizar a voracidade dos impostos e encargos oficiais do governo a serem cobrados das empresas alinhadas ao sistema corrupto.

Eventualmente pode acontecer de um agente participante de esquemas de corrupção governamental fazer parte do mundo do crime organizado, mas não é uma regra e diríamos até ser um fato raro. O agente físico do crime organizado não possui o "jogo de cintura" que é necessário ao mundo da corrupção governamental.

Ele teria que ser capaz de cumprir leis e regras formais para poder participar do jogo do "faz de conta" que é a principal veia articuladora da corrupção: aparentar ser um processo totalmente legal. Quando na realidade é bastante diferente das primeiras impressões quando ele é analisado detalhadamente. Somente o agente público e o político profissional possuem as credenciais necessárias para participar conjuntamente com o empresário da iniciativa privada, de estruturas grandes e muito bem organizadas. A Operação Lava Jato é o melhor exemplo do que estamos pontuando. As empresas, campeãs nacionais de diversos setores, criaram departamentos especializados em pagamento de propinas aos agentes públicos e políticos corruptos em paraísos fiscais e/ou em nome de "laranjas", de uma forma que parecesse totalmente legal e contabilmente justificada.

Pode ser bastante intuitivo perceber que quanto mais corrupta é a estrutura oficial de uma nação, maiores são as chances do crime organizado se proliferar neste pântano sem fundo, como bem observou o especialista em contraespionagem alemã, Werthebach, mas também pode não ser uma condicionante exclusiva. Não temos dados reais para provar esta nossa afirmativa: que pode não haver uma relação direta entre o aumento do crime organizado com o crescimento da corrupção dentro de um país. Temos exemplos reais de sociedades com tradicional baixa incidência de corrupção, como os Estados Unidos da América do Norte, estar eivada por forças do crime organizado. Casos clássicos como ao que assistimos quando do crescimento da Máfia Italiana no período da Lei Seca na década de 30.

Contrariamente ao que se poderia imaginar, o maior criminoso da época, Al Capone, foi preso e acusado, não pelos seus crimes hediondos perpetrados em nome de uma organização do crime. A sutileza do não pagamento dos impostos federais, indo de encontro direto com uma estrutura de combate à sonegação e não ao crime organizado, foi o seu "Tendão de Aquiles". Por mais que o Ministério Público Federal, que investigou e continua atuando na Operação Lava Jato, continue afirmando existirem organizações criminosas entre os operadores da mesma, é necessário separá-las das quadrilhas que compõem o mundo do crime organizado nacional e internacional.

Algumas vezes o poder político reinante pode se valer da associação com o crime organizado para desestabilizar a ordem social de um país, com objetivos específicos para implantação de regimes políticos totalitários. Isto é o que presenciamos em 13 anos de governo Petista e a sua coligação com o crime organizado. Assim como a ligação das Forças Armadas Revolucionárias da Colômbia – Exército do Povo - FARCS - aos países de regime socialista na América Latina, incluindo o Brasil.

Consultamos no site a seguir onde o índice de percepção da corrupção foi levantado em 180 países de todos os continentes. Dos 180 classificados o Brasil se encontra na posição próxima de 97ª, com uma nota 35 que varia de 0 a 100, sabendo que as maiores notas são dos países com menor índice de corrupção. O país menos corrupto, a Dinamarca, atingiu a nota de 88. Estes dados são do ano de 2018 e temos que entender que a operação Lava Jato contribuiu muito para piora desta nota no Brasil, que no ano de

2016 foi de 40 e estávamos em 76ª colocação. Aqui estamos falando do aumento da percepção, pelas pessoas em relação à corrupção e não necessariamente ao seu aumento em si. Mesmo não sendo mérito algum para nós, podemos considerar que ainda nos mantemos na média mundial da percepção deste flagelo. O link a seguir traz toda a matéria relacionada a este assunto.

https://www.transparency.org/news/pressrelease/indice_de_percepcao_da_corrupcao_2018

Fica bastante claro para nós, após analisar exaustivamente estes dados do mundo inteiro, que há uma relação direta de altas taxas de corrupção e o tamanho do Estado. Quanto maior for o governo e sua máquina administrativa, maior será o índice de corrupção de um determinado país. Esta estrutura corrompida (e corruptível) é formada basicamente de políticos corruptos mancomunados com funcionários públicos ávidos por enriquecimento rápido. Esta estrutura é alimentada por empresários inescrupulosos do setor privado que precisam garantir a entrada de numerário em suas empresas. Desta forma eles estarão dispostos a pagar propinas altíssimas através de recebimentos de serviços superfaturados que são prestados para o governo, empresas estatais e paraestatais. Vê-se por este descritivo simplificado como se processa a corrupção dentro de um governo. Onde se cria um círculo vicioso difícil de ser rompido e, algumas vezes, difícil até de ser percebido pelos órgãos fiscalizadores do governo. Parte desta dificuldade gerada porque há um conluio tácito entre agentes compradores, arrecadadores e fiscalizadores, tanto da estrutura interna das empresas privadas, estatais e paraestatais quanto dos Órgãos Públicos encarregados da arrecadação e fiscalização.

"Berlim, 29 de janeiro de 2019 – O Índice de Percepção da Corrupção 2018 (IPC) divulgado hoje pela Transparência Internacional revela que o fracasso contínuo da maioria dos países em controlar significativamente a corrupção está contribuindo para uma crise da democracia em todo o mundo."

"A corrupção mina a democracia e produz um ciclo vicioso, em que a corrupção corrói as instituições democráticas e, por sua vez, instituições fracas são menos capazes de controlar a corrupção."

"Mais de dois terços dos países têm menos de 50 pontos, com uma média global de apenas 43 pontos. Desde 2012, apenas 20 países melhoraram significativamente suas pontuações."

A seguir uma matéria do G1, apresentando o Ranking nacional de 2016, potencializado pelo efeito "Lava Jato"

https://g1.globo.com/mundo/noticia/brasil-esta-em-79-lugar-entre-176-paises-aponta-ranking-da-corrupcao-de-2016.ghtml

Com uma empresa de engenharia civil, participando de Licitações Públicas regidas pela Lei 8666/93, criada para regulamentar as compras governamentais das três esferas - Federal, Estadual e Municipal - vivemos muito de perto, durante mais de 20 anos, a experiência de ser empresário dependente das compras governamentais para administrar uma empresa na estrutura jurídica-política-social brasileira. A Lei das Licitações surgiu com o melhor dos propósitos: facilitar ao poder público o acesso à melhor contratação de serviços e produtos, dentro de um ambiente de competitividade igualitária. O processo licitatório indicaria a compra do melhor produto, serviço ou materiais/equipamentos, pelo menor preço. Até aí tudo bem. A Lei, na sua concepção teórica, realmente foi muito bem estruturada, cobrindo praticamente todas as modalidades necessárias ao governo para fazer as suas cotações e compras finais. Há um antigo adágio oriental, creditado a Confúcio, que diz: "antes de comprar qualquer mercadoria consulte ao menos três propostas de fontes diferentes". O que a Lei 8666/93 veio fazer foi simplesmente estabelecer as regras e os critérios para o processo de compra governamental. Incluindo aí, em algumas modalidades de licitação o mínimo de três fornecedores. Mas, ao passar do mundo ideal para o real, ela foi sendo totalmente subvertida para atender às necessidades das grandes corporações privadas e interesses escusos da administração pública.

A nossa percepção da história recente da engenharia brasileira nos mostra que as corporações mais envolvidas em processos de corrupção com a administração pública, são os grandes conglomerados de empresas que se formaram a partir da construção de Brasília. Odebrecht, Andrade Gutierrez, Camargo Corrêa, OAS, Mendes Junior e outras tantas, gigantes do setor, acabaram não somente se envolvendo na Operação Lava Jato, como serviram ao *modus operandis* do sistema macro.

Para não permitir que empresas de engenharia jovens, ou recém-criadas, entrassem no páreo das licitações públicas, os Editais eram, e ainda o são, preparados pelos órgãos governamentais, empresas estatais, paraestatais e de economia mista para criar dificuldades. A maneira escolhida foi o de exigir Atestados Técnicos Operacionais em nome das empresas, como forma de comprovação da sua capacitação técnica para executar uma determinada obra. Sabe-se, por exemplo, que este artifício fere frontalmente o que determina o Conselho Federal de Engenharia e Agronomia - CONFEA. Órgão este que reúne todos os Conselhos Regionais de Engenharia - CREA - estaduais do país, que determinou a partir da Resolução nº 1025/09, que o Atestado Técnico é do profissional que executou a obra. Esta responsabilidade é do engenheiro responsável pela obra e não da empresa a qual ele fazia parte quando da execução da mesma. Vejam o que a tal Resolução estabelece:

"Conforme o Art. 58 da Resolução n° 1025/09 do Confea, as informações acerca da execução da obra ou prestação de serviço, bem como os dados técnicos qualitativos e quantitativos do atestado, devem ser declarados por profissional que possua habilitação nas profissões abrangidas pelo Sistema Confea/Crea. "

Tal resolução, editada em 2009, nunca foi um impeditivo para que Editais Licitatórios fizessem constar a tão famigerada exigência da "Capacidade Técnico Operacional" em nome da empresa licitante. Esta exigência permite que somente as mesmas empresas do sistema de "cartas marcadas", dos ditos "campeões nacionais", possam participar de determinadas e importantes obras governamentais.

Esta é só uma pequena mostra de como se pode burlar uma boa lei com base em interesses maiores de forças corporativas em estrita parceria com o poder público. Porque, uma vez inserida dentro de um Edital de Licitação, uma regra interna pode até mesmo contrariar a Lei maior. E se nenhum licitante reclamar desta ilegalidade, ela passa a ter força da própria Lei, conduzindo, desta forma, o processo licitatório para onde as poderosas empresas participantes o desejarem. Que pequena empresa de engenharia pode se dar ao luxo de manter um batalhão de bons advogados a serviço de licitações para validá-las ou impugná-las? Entrando com Recursos Administrativos dispendiosos e geralmente fadados ao fracasso por contrariarem orientações superiores? Pode-se dar o nome de Capitalismo de Estado a este estranho fenômeno simbiótico, cujos interesses mútuos podem definir uma parceria pública privada informal. Assim, não há meios de sobrevivência para as pequenas e médias empresas que dependem de uma simples competição de mercado.

É necessário também saber transitar pelos salões da capital política do país, Brasília, modificando e criando leis ao sabor do *bel* interesse das grandes corporações econômicas. Podemos afirmar categoricamente que estas maquinações legais, exigindo dispendiosos recursos financeiros, gastos por empresas privadas para manter "lobistas de alto luxo" se dão em todos os setores da administração pública, sem exceções. Estas estruturas são mantidas pelos grandes grupos financeiros particulares em estrita consonância com os interesses públicos nada republicanos. Diga-se de passagem, este processo ocorre em todos os países do mundo que utilizam de processos de compra similares. Variando de grau e intensidade, com maior ou menor interdependência em relação direta com que o tamanho do Estado, se estendendo para dentro das atividades econômicas de uma nação. O *Lobby*, termo que gerou a palavra Lobista, é uma expressão de origem inglesa que retrata o trabalho sério de pessoas influentes que alteram os rumos de uma grande compra, de forma legal, por parte do Estado. Infelizmente, aqui no Brasil se tornou sinônimo de aliciadores, corruptores de políticos e administradores públicos desonestos.

É fácil observar este fenômeno depois que a Operação Lava Jato descobriu um grupo de empresas de engenharia por trás da Petrobras, naquilo que se denominou de Petrolão. Havia um Grupo de empresas de engenharia que controlava quem podia e quem não podia entrar para prestar serviços a esta gigantesca Estatal, e quanto teria que pagar aos agentes públicos, leia-se: governo do PT. *"Do presidente da república até o porteiro do prédio da Estatal tinha-se que pagar propina"*, como costumava dizer um conhecido meu, para demonstrar o quanto as engrenagens da máquina estatal foram contaminadas pela administração Petista. No depoimento de Antônio Palocci, ex-número 2 do partido do PT e provável sucessor de Lula antes de ser derrubado por escândalos anteriores à Lava Jato, afirmou categoricamente para Sérgio Moro, principal Juiz desta operação: *"o PT não é um partido político, é, antes de tudo, uma seita religiosa! "* De certa forma, antes de serem descobertas as grandes falcatruas do Petrolão, as empresas privadas, empresários, estatais, políticos de todos os graus operavam dentro de uma forte legalidade aparente. As delações premiadas de "pessoas chave" envolvidas nos esquemas de corrupção foram fundamentais para descobrir o "fio da meada". Por esta razão, pura e simples, continuamos a afirmar que o esquema criminoso da corrupção criado dentro da PETROBRAS, continua a ser muito diferente do *modus operandi* do mundo do crime organizado. No primeiro esquema, no crime de corrupção, há uma tentativa clara de tornar os processos internos travestidos de uma legalidade absoluta. Paga-se impostos, encargos sociais, contribui-se para ONGs do bem e tudo mais que for necessário para dar aparência de legalidade. No segundo caso, no do crime organizado, vive-se estritamente à margem da Lei, contrariando-a sistematicamente. Não há a preocupação com a aparência de honestidade. Cultua-se a maldade fria e a violência física como ferramentas de trabalho.

E para finalizar a visão personalista que aqui empregamos para falar minimamente sobre as licitações públicas, gostaríamos de fazer um breve relato do que acontece quando um pequeno empresário da construção civil tem a "felicidade" de ganhar uma licitação pública com o suor do próprio rosto. Inicialmente, é uma festa! Toda a empresa, com o seu staff de empregados e sócios proprietários se regozijam de prazer com aquela sensação de terem feito um ótimo trabalho de equipe. Começam a traçar planos de logísticas e financeiros para poderem administrar o futuro contrato com a determinada entidade pública ou empresa Estatal onde se ganhou o Contrato para a prestação de serviços de engenharia. Já na primeira reunião com o órgão

Contratante, o proprietário Contratado percebe o quanto aquele "osso" será "duro de roer"! Administradores públicos, mal preparados tecnicamente, recebem a diretoria e os técnicos da iniciativa privada para estabelecerem os objetivos principais a serem alcançados no cumprimento do referido Contrato. Estes últimos são vistos pelos agentes da administração pública como "tubarões" da iniciativa privada dispostos a qualquer falcatrua operacional/administrativa para tirar vantagens deles. Sentem-se como os pobres funcionários públicos, mal remunerados e sem a devida valorização do seu trabalho pelo superior hierárquico. Pode acontecer também o pior: o proprietário da empresa privada ser achacado na hora em que coloca o pé na repartição pública. Eles o veem como um rico empresário, com dinheiro transbordando pelo ladrão do reservatório. Está no ponto de ser sangrado para colaborar com o caixa da repartição ou do fiscal que irá acompanhá-lo durante a execução da futura obra ou projeto a ser desenvolvido.

Não sabemos ainda qual é a melhor situação para se chegar a um bom resultado final de um contrato com o poder público. Se com um fiscal incompetente, medroso, com medo até da sombra de ser acusado de corrupto, ou se aquele cara de pau, corrupto assumido, que já cobra na "cara dura" o quinhão ao que ele se ache no direito? De qualquer forma, podemos afirmar categoricamente que dificilmente esta empresa privada, que lutou com unhas e dentes para ganhar a licitação, sem ter participado de um grupo prévio dos concorrentes para acertar um preço cheio de "gordura", ganhará dinheiro para manter-se funcionando legalmente. E a resposta para esta conclusão antecipada é muito simples e fácil de entender. O preço com o qual ela ganhou de todos os demais concorrentes foi baixo o suficiente para não deixar nenhuma margem para qualquer imprevisto de obra. E em qual obra, onde o lugar mais comum é a imprevisibilidade e acidentes diários de percurso, isto não acontece? As variáveis envolvidas em uma obra são tão complexas que é quase impossível não acontecer imprevistos e acidentes de percurso. Depois, como a empresa estava sem capital de giro, e o serviço público começará a pagar a 1ª Medição contratual somente 60 a 90 dias após efetivamente iniciados os serviços, ela vai aos Bancos solicitar créditos a taxas exorbitantes. Esta uma prática comum do sistema financeiro brasileiro, conhecido por todos nós empresários. Não há como sobreviver em um contrato de preço enxuto pagando 2,5% de juros ao mês.

Por que não se estabelece a Taxa SELIC de 5,0% ao ano para base de empréstimos de capital de giro para as pequenas empresas, para que elas possam sobreviver através dos seus Contratos? Como não somos economistas, nunca entendemos o "por que" destes números espúrios: SELIC de 5% ao ano contra taxa de juros bancários de 14% ao mês para cheques especiais? Ah, em tempo lembramos, estas taxas são praticadas sim: somente destinadas aos Campeões Nacionais. Eleitos pelo governo federal da Era PT, que o buscavam na "Fonte do Tororó" do Banco Nacional de Desenvolvimento Econômico e Social - BNDES!

Tardiamente o pequeno e médio empresário da iniciativa privada, que não participa de grupos escusos para mancomunar com o poder público, e nem se presta a pagar gordas propinas a fiscais achacadores, percebe que não ganhou dinheiro com os seus Contratos com o Estado e suas Estatais. Simplesmente saiu de casa para ajudar a financiar a Obra Pública na qual ele trabalhou! Logo ele, que não tinha reservas financeiras e foi obrigado a ir ao mercado financeiro tomar emprestado algo que não era somente para ele, mas também para o próprio Estado.

Costumávamos dizer, por este período em que trabalhávamos com licitações públicas, que todos os dias saem de casa um pequeno e médio empresário "trouxa" para ajudar a financiar os projetos e obras para o governo. Ele ofertará preços finais extremamente baixos, para não dizer inexequíveis, com o aval do Contratante, que desconhece o real valor dos serviços que está contratando. Na área da engenharia de construções, as implicações civis, tributárias e previdenciárias são tão gigantescas que inviabilizam a saúde financeira de qualquer empresa que se propõe a trabalhar de forma totalmente legal. O empresário que se vê defronte a um Juiz trabalhista, ao lado do seu ex-empregado, o "coitadinho" sob a ótica da legislação trabalhista atual, aquele que trabalhou para ele há 5 anos naquela "bendita obra", é visto pelo meritíssimo Juiz como um "tubarão a ser sangrado".

A nossa Carga Tributária Bruta, segundo informações da Receita Federal foi de 32,38% em 2016. Não somente é uma das maiores do mundo, mas também é extremamente antissocial. Proporcionalmente o pobre paga mais impostos do que o rico paga. É algo acachapante e é uma das razões para se ter uma justiça trabalhista tão paternalista. Funciona como uma compensação para agradar aos menos favorecidos. Não é absurdo dizer que o estado brasileiro, pesado, mastodôntico e superburocrático força o empresário a montar esquemas através de grupos associativos - ou grupelhos - para viciar o jogo das compras estatais. Entre outras artimanhas, vivendo através da corrupção dos políticos e funcionários públicos. Não há outra maneira para as empresas sobreviverem nesta selva econômica, infelizmente. Não será fácil para esta nação se livrar do fantasma da corrupção!

Entendemos, através desta análise realizada de forma resumida e dos dados aqui apresentados, que quanto maior o tamanho do Estado na economia de um país, enormes são as chances deste país ser definido como uma sociedade político-social corrupta. É claro que outros fatores também influenciam os Estados a serem mais ou menos corruptos. Sua formação cultural, o nível de tolerância para com o crime, o nível de formação da sua população e outras de menor monta. Entretanto, como campeão dos fatores, consideramos o verdadeiro e mais significativo a seguinte máxima: "quanto maior a presença do Estado na sociedade laboral, maior será o índice da corrupção"!

11. UM PARALELO DOS GASTOS COM SALÁRIOS DO FUNCIONALISMO PÚBLICO DO BRASIL COM O DO RESTO DO MUNDO

Como será que se comporta um comparativo entre salários de funcionários públicos do Brasil com outros de mesma função em diferentes países do mundo? De países socialmente avançados, ricos, democráticos, nem tão ricos e nem tão democráticos? Será que realmente criamos uma "Casta de Intocáveis", através do **Corporativismo Colonialista** danoso para a economia do país? Com salários e privilégios absurdamente díspares se comparados com os simples mortais da maioria da nossa população civil economicamente ativa? Aquele que não trabalha diretamente para o estado nas três esferas: municipal, estadual e federal? Vamos ter de lançar mão de dados de levantamentos que não realizamos, mesmo porque estudos desta natureza e magnitude requerem recursos inimagináveis, executados por profissionais altamente competentes e de áreas diversas de atuação. Portanto, sempre que indicarmos os dados com os quais estamos trabalhando, informaremos as fontes consultadas como estamos fazendo para todas as informações de terceiros que estamos utilizando neste livro.

Trata-se de números e informações estarrecedoras a respeito do que se passa, por exemplo, com os ganhos do judiciário brasileiro comparado com países do 1° mundo, como a Alemanha, Estados Unidos e outros países não menos importantes. Tem-se a impressão até que são números forjados para denegrir determinados cargos e funções do funcionalismo nacional. Antes fossem! Mas eles são de uma realidade duríssima, demonstrando o quanto os quadros funcionais públicos destes empregados do Brasil souberam se organizar em estruturas internas muito bem organizadas. Elas foram capazes de criar, aprovar, promulgar e colocar em operação leis e decretos de um corporativismo sem igual no mundo dos países desenvolvidos e democráticos. Existentes, é certo, com certa constância, em republiquetas africanas subsaarianas, latino-americanas e do oriente médio, mas imperdoáveis para coexistir em um país do tamanho e da importância mundial do Brasil!

Veremos que os custos da **Corrupção Endêmica** que assola o nosso país, e que deve ser combatida com toda a energia possível, através da estrutura político/legal e administrativa que dispomos, ficam relativamente pequenos em comparação com os gastos astronômicos de salários, privilégios e aposentadorias dignos de verdadeiros "Marajás". Para nós que vivenciamos a Era Collor, mas não votamos nele por achá-lo um louco enganador, temos que reconhecer que grande parte da força demolidora que o tirou da presidência, através de rápido processo de Impeachment, se deveu principalmente à sua iniciativa de cortar cargos e salários de funcionários públicos. Se os números não estão errados, durante o seu curto governo, ele demitiu algo em torno de 100 mil funcionários públicos, segundo a Folha de São Paulo de 7 de dezembro de 1997: *"Assim, evitaria questionamentos jurídicos, como aconteceu no governo de Fernando Collor, quando 100 mil funcionários foram demitidos e parte foi reintegrada por decisão judicial. "*

Vê-se, por esta pequena abertura do passado recente, que qualquer presidente do Brasil que tentar reduzir os privilégios desta "Casta de Intocáveis" enfrentará enormes problemas conjunturais. Acreditamos inclusive que forças mais poderosas, se forem incomodadas ao extremo, podem levar a nação a uma rebelião armada. Situação difícil de imaginar dado o espírito do brasileiro, tido como *bon vivant* que detesta política. Aparentemente pacato, excluindo situações envolvendo paixões futebolísticas, mas poderemos chegar a uma situação interna insustentável! Pode parecer exagero da nossa parte, mas acreditamos que se trata de uma tarefa hercúlea, para qualquer presidente, de qualquer partido, cortar cargos públicos, reduzir salários absurdamente altos, muito além do teto constitucional.

Que presidente da república do Brasil possuirá força suficiente para realizar tamanha empreitada? Terá apoio político? Contará com o apoio dos órgãos governamentais, polícia federal, ministério público federal e do Exército? Devemos lembrar que todos estes segmentos governamentais e autarquias serão diretamente atingidos por medidas restritivas nos seus ganhos e privilégios. Não nos parece realizável que qualquer categoria de funcionário público ou militar esteja disposta a este sacrifício em prol da nação e do bem comum. Se houver de fato cortes salariais e eliminação de direitos adquiridos será um duro golpe no **Corporativismo Colonialista**, que não se entregará sem lutas duríssimas e, talvez até, com derramamento de sangue entre "irmãos".

São questões que colocamos para serem pensadas e respondidas por especialistas no assunto. Primeiro, porque não sabemos as suas respostas e, segundo, temos real interesse em entender como se comportaria todas estas estruturas governamentais, que estão sendo gestadas há pelo menos 6 décadas em um formato crescente de salários altíssimos e privilégios incontáveis. Precisamos saber estas respostas porque se continuarmos do jeito que estamos caminhando, ela - esta estrutura gigantesca - será capaz de falir a nação sem muito esforço!

Vejamos, por exemplo, as seguintes reportagens de diversos veículos de comunicação da imprensa brasileira:

CARTA CAPITAL:

O Judiciário do Brasil é 3,5 vezes mais caro que o alemão

Por Jean-Philip Struck

Os brasileiros pagam por um dos sistemas judiciários mais caros do mundo. O valor de 2016 representou 1,4% do Produto Interno Bruto do País. No mesmo período, os gastos com a Justiça na Alemanha alcançaram apenas 0,4% do PIB. Ou seja, o Judiciário brasileiro é 3,5 vezes mais caro que o alemão. A diferença é expressiva mesmo se for considerado que o PIB alemão é o dobro do brasileiro.

https://www.cartacapital.com.br/politica/o-judiciario-do-brasil-e-3-5-vezes-mais-caro-que-o-alemao

UOL NOTÍCIAS:

Judiciário fica mais caro e leva 1,3% do PIB; juiz custa R$ 46 mil/mês.

"No ano de 2015, as despesas totais do Poder Judiciário somaram R$ 79,2 bilhões, o que representou um crescimento de 4,7% e, considerando o quinquênio 2011-2015, um crescimento médio na ordem de 3,8% ao ano. Essa despesa equivale a 1,3% do PIB (Produto Interno Bruto) nacional, ou a 2,6% dos gastos totais da União, dos Estados, do Distrito Federal e dos municípios"...

https://noticias.uol.com.br/politica/ultimas-noticias/2016/10/17/judiciario-fica-mais-caro-e-leva-13-do-pib-juiz-custa-r-46-milmes.htm

GAZETA DO POVO

Justiça do Brasil gasta quase dez vezes mais que a dos EUA

"Segundo o mais recente relatório "Justiça em Números", do Conselho Nacional de Justiça (CNJ), as despesas totais do Judiciário – bancadas pelo conjunto dos contribuintes – somaram R$ 85 bilhões em 2016, o equivalente a 1,35% de todas as riquezas produzidas pelo Brasil naquele ano, medidas pelo Produto Interno Bruto (PIB)."

https://www.gazetadopovo.com.br/politica/republica/justica-do-brasil-gasta-quase-dez-vezes-mais-que-a-dos-eua-au1p3xqfbv2qn60dnkskzhamg/

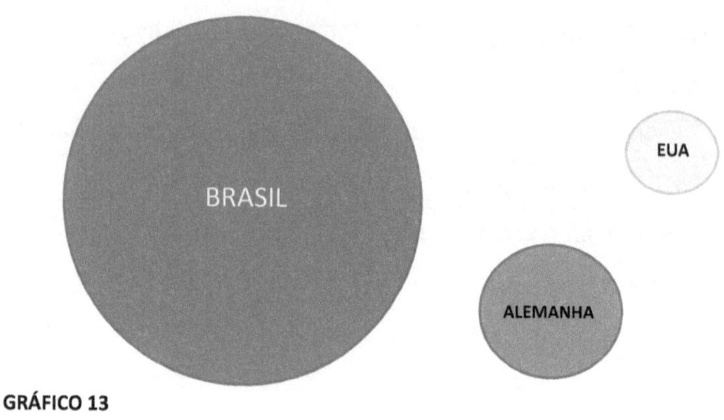

GRÁFICO 13

ÉPOCA NEGÓCIOS

Gastos com pessoal do poder Executivo alcançam R$ 182,7 bilhões

"O governo federal gastou R$ 182,7 bilhões com servidores do poder Executivo em 2016, de acordo com Relatório de Gestão Fiscal publicado em edição extra do Diário Oficial da União (DOU) com data desta segunda-feira, (30/01). "

"O valor inclui gastos com pessoal na ativa, aposentados e pensionistas e terceirizados. No ano passado, esses gastos alcançaram 25,2% da receita corrente líquida. O limite para o Poder Executivo previsto na Lei de Responsabilidade Fiscal (LRF) para gastos com pessoal é de 40,9%."

https://epocanegocios.globo.com/Dinheiro/noticia/2017/01/gastos-com-pessoal-do-poder-executivo-alcancam-r-1827-bilhoes.html

ISTO É

A insustentável máquina do governo

"Os 39 ministérios de Dilma custam mais de R$ 400 bilhões por ano e empregam 113 mil apadrinhados. Só os salários consomem R$ 214 bilhões - quase quatro vezes o ajuste fiscal que a presidente quer fazer às custas da sociedade. "

"Diante da necessidade imperativa de disciplinar as desordenadas contas públicas, legadas da farra fiscal praticada no mandato anterior, a presidente Dilma Rousseff impôs ao País um aperto de cintos. Anunciou como meta de sua segunda gestão um ajuste fiscal capaz de gerar uma folga de R$ 66 bilhões no Orçamento até o fim do ano."

https://istoe.com.br/411245_A+INSUSTENTAVEL+MAQUINA+DO+GOVERNO/

JORNAL OPÇÃO

Irapuan Costa Junior

Gastos de governo no Brasil correspondem a 40% do PIB; no Chile, a 23%.

"Há uma constante indagação sobre as razões de nosso atraso tanto econômico quanto social, em relação, para não irmos muito longe, a nossos vizinhos. Chile, por exemplo. Como pode o Chile ostentar uma renda per capita já em torno dos 20 mil dólares, entrando no Primeiro Mundo, se não nos alçamos acima dos 12 mil? Como podem os chilenos viver sob um Índice de Desenvolvimento Humano (IDH) de 0,83 e ser o número 42 entre 143 países, se nosso índice está em 0,73 e estamos no 75º lugar? Os gastos de governo, no Brasil, correspondem a 40% do PIB; no Chile, a 23%. Por que a paridade do poder de compra, no Chile, cresceu em 30% de 2008 a 2016, e no Brasil apenas 17% no mesmo período? "

https://www.jornalopcao.com.br/colunas-e-blogs/contraponto/gastos-de-governo-no-brasil-correspondem-40-do-pib-no-chile-23-86414/

EM.COM.BR

Governo gasta R$ 20,6 bilhões para bancar o Legislativo

André Salders

Postado em 07/04/2014 06:00 / atualizado em 07/04/2014 07:14

"Brasília – Uma montanha de dinheiro: R$ 20.587.541.643,95. Esse foi o gasto total do Estado com a manutenção do Congresso Nacional, de 26 assembleias legislativas, da Câmara Legislativa do Distrito Federal (CLDF) e de apenas 37 câmaras municipais no período de um ano. Se fosse uma nação, o Legislativo brasileiro teria o orçamento equivalente ao Produto Interno Bruto (PIB) de países como Madagascar, na costa africana, ou a Armênia, no Leste Europeu, de acordo com dados de 2012 do Banco Mundial. "

https://www.em.com.br/app/noticia/politica/2014/04/07/interna_politica,516136/governo-gasta-r-20-6-bilhoes-para-bancar-o-legislativo.shtml

CONGRESSO EM FOCO

Por Edson Sardinha, 15 jan, 2018

Congresso brasileiro é um dos mais caros do mundo. Veja os benefícios pagos a um parlamentar

"Salários, verbas extras para moradia, funcionários, aluguel de escritório, telefone, veículos, combustível, divulgação do mandato, passagens aéreas, entre outras coisas. Plano de saúde em condições vantajosas e até vitalício. Ajuda de custo equivalente a dois salários adicionais no início e no fim do mandato. Esses são alguns dos benefícios (veja a lista abaixo) que fazem do Congresso Nacional um dos parlamentos mais caros do planeta. "

"O Brasil ocupa a sexta colocação em salário de deputados em razão do Produto Interno Bruto (PIB) per capita. À frente, gastam mais com seus representantes algumas das nações mais pobres do planeta, como Nigéria,

Gana e Quênia, que lideram o ranking da disparidade entre as despesas com parlamentares e a média da riqueza de sua população. "

A relação dos principais benefícios de um congressista brasileiro:

Benefícios	*Deputado*	*Benefícios*	*Senador*
Salário	*R$ 33.763,00*	*Salário*	*R$ 33.763,00*
*Cotão **	*De R$ 30.788,66 a R$ 45.612,53*	*Cotão *******	*De R$ 21.045,20 a R$ 44.276,60*
*Auxílio-moradia ***	*R$ 4.200,00*	*Auxílio-moradia ***	*R$ 5.500,00*
Verba para contratar até 25 funcionários	*R$ 92.000,00*	*Contratação de até 55 funcionários (valor não especificado)*	
*Ajuda de custo ****	*R$ 33.763,00*	*Ajuda de custo ****	*R$ 33.763,00*
*Plano de saúde *****	*Limitado*	*Plano de saúde*	*Vitalício*
Carro oficial	*Integrantes da Mesa Diretora*	*Carro oficial*	*Carro oficial com motorista*

** Valor varia conforme o estado. O menor é pago aos representantes do DF, e o maior, aos de Roraima.*

*** Benefício pago ao parlamentar que não ocupa imóvel funcional ou próprio.*

**** Valor pago no início e no fim do mandato de cada parlamentar, inclusive suplentes*

***** Os deputados só são ressarcidos em serviços médicos que não puderem ser prestados no Departamento Médico (Demed) da Câmara, em Brasília.*

****** Varia conforme o estado de origem do parlamentar. Os menores montantes são pagos aos senadores de Goiás e do DF. Os maiores, aos senadores do Amazonas.*

Fonte: Congresso em Foco, com base em dados da Câmara e do Senado.

https://congressoemfoco.uol.com.br/especial/noticias/congresso-brasileiro-e-um-dos-mais-caros-do-planeta-veja-os-beneficios-pagos-a-um-parlamentar/

Os Servidores Públicos no Brasil

23-11-2015

Postado por Innovare Pesquisa em Innovare

"O serviço público é hoje almejado por muitos, pois representa estabilidade financeira: ***empregos à prova de demissão e, em alguns casos, boa remuneração salarial e alguns benefícios extras****. Uma matéria no The New York Times, por exemplo, afirma que é bastante vantajoso ser servidor público no Brasil, citando o exemplo de um juiz estadual em São Paulo, que recebe proporcionalmente mais do que um juiz de estado em Nova Iorque. "*

"E quem são os funcionários públicos que já atuam no Brasil? De acordo com dados do IBGE, ***doze por cento da população empregada trabalham no serviço público: cerca de 10 milhões de pessoas atuam hoje no serviço público brasileiro****. Dessas, seis milhões são funcionários municipais, três milhões, estaduais, e 1,1 são*

funcionários federais. Segundo dados do Enap, ***em termos de gênero, as mulheres estão,*** *em números, quase tão presentes quanto os homens:* ***54% dos cargos públicos são ocupados por eles, e 46%, por elas."***

http://www.innovarepesquisa.com.br/blog/os-servidores-publicos-brasil/

O GLOBO - ECONOMIA

Com Previdência e pensões, Brasil gasta como país nórdico em proteção social

País cobra menos impostos e tem metade de idosos; despesas com juros e Judiciário também são maiores do que de países ricos

Gabriela Valente

18/12/2018 - 19:02 / Atualizado em 18/12/2018 - 19:26

"BRASÍLIA – Por causa das regras atuais da Previdência Social, o Brasil gasta com proteção social praticamente o mesmo que países nórdicos, que cobram mais impostos e têm população idosa duas vezes maior. Aqui, a despesa social representa 12,7% de tudo o que o país produz no ano: apenas 0,1 ponto percentual do Produto Interno Bruto (PIB) a menos que o grupo formado por Noruega, Suécia, Dinamarca e Finlândia. O custo brasileiro é 55% maior que o da média das 20 nações mais ricas do mundo. Um estudo do Tesouro Nacional mostra que a discrepância com o restante do mundo é grande. Os juros da dívida pesam aos cofres públicos o dobro do que aos outros países da América Latina. Aqui, a Justiça também é mais cara. Dos países analisados, o Brasil é o terceiro colocado no quesito tribunais mais dispendiosos. "

https://oglobo.globo.com/economia/com-previdencia-pensoes-brasil-gasta-como-pais-nordico-em-protecao-social-23314534

Recomendamos que todas as matérias de terceiros, aqui reproduzidas parcialmente somente para se dar a ideia básica dos gastos astronômicos com a estrutura governamental de políticos e funcionários públicos em relação ao restante do mundo, sejam lidas em seu veículo original de publicação e na íntegra. Porque existem dentro delas muito mais informações para se entender a realidade desta estrutura que, em última análise, é comandada pelo **Corporativismo Colonialista**. Não adianta reclamar ao "Reinado" porque ele não gera a riqueza por si só, apenas taxa os serviços e produtos produzidos pela população civil. Aqui entendemos população civil como aquela que trabalha nas empresas privadas. Que em última análise é a mais penalizada no contexto atual e, de longa data, vem se perpetuando esta rotina por toda a história brasileira.

Para se pagar funcionários públicos da ativa e aposentados, principalmente os federais, de médio ao alto escalão, o Estado os remunera acima do que é praticado nos países de primeiro mundo. Em contrapartida, como o dinheiro de fato recolhido pelos impostos não é suficiente para manutenção desta aberração, toma-se empréstimos internos em Bancos nacionais e no exterior através do Fundo Monetário Internacional, por exemplo. Atualmente só o pagamento dessa dívida e a manutenção dos custos destes salários e aposentadorias representa algo em torno de 40% do nosso Produto Interno Bruto. Em 2016 esse percentual representava 36%, o que mostra claramente que estamos em uma forte curva ascendente de custos governamentais.

Fala-se, ultimamente, muito em Reforma da Previdência e Reforma política, como mudanças estruturais indispensáveis a serem introduzidas por qualquer governo que esteja à frente da administração do país, seja de tendência socialista ou liberal, não importa. Infelizmente presenciamos nestas últimas 3 décadas e meia o que os governos de tendência socialista foram capazes de fazer. Mantiveram as tais reformas sempre como prioridades a serem implantadas, mas nunca foram realmente nem imaginadas. O fato é que elas não são somente indispensáveis: é a nossa única saída! Não há como sobreviver em um "estado de coisas" como esse. E diríamos, mais direta e secamente, que não há como se usar paliativos para nos salvar do caos nacional, mantendo-se direitos adquiridos e coisas do gênero. Ou aplica-se o bom senso, retirando-se privilégios absurdos e salários incompatíveis com a realidade nacional ou iremos todos para a vala comum da quebradeira geral. Óbvio que não somos nenhuma Grécia, que tem somente velhas ruínas de uma sociedade dourada que desapareceu. Deuses em profusão, lendas mitológicas, mar e rochas, que quando quebrou em 2008 não tinha como pagar a Comunidade Europeia e por isto mesmo foi relativizada. Em comum com a Grécia quebrada de 2008 temos o seguinte problema: uma dívida externa altíssima contraída para bancar altos salários de funcionários públicos na ativa e aposentados. Para entender o complicador do quadro grego, vejam alguns outros pontos importantes da referida crise que a antecederam:

"Nos últimos 12 anos, a folha de pagamento do setor público grego dobrou;

É presumido que todo mundo é corrupto no governo, então se você quer ir ao médico no sistema público, por exemplo, você já espera ter que suborná-lo para ser atendido;

A média salarial de um emprego público grego é três vezes maior que o preço de mercado;

O sistema público de ensino é um dos piores da europa, embora empregue quatro vezes mais professores por aluno do que a Finlândia, o primeiro lugar;

A idade de aposentadoria para profissões consideradas árduas na Grécia é 55 anos para homem e 50 anos para mulheres. De algum modo, profissões como cabeleireiros, anunciantes de rádio e garçonetes conseguiram entrar na lista de "profissões árduas".
http://estrategistas.com/crise-de-2008-grecia/

Se não estivéssemos falando da Grécia poderíamos perfeitamente dizer que o quadro pré-falimentar deles se parece muito com o do Brasil da atualidade de 2018, mas somos um país riquíssimo em minerais, vegetais e de uma biodiversidade sem paralelo no mundo. Se instados a tanto, teríamos como pagar qualquer dívida monetária gigante para honrar os nossos compromissos internos e transnacionais, mas não devemos penhorar os nossos bens naturais para alimentar o crescimento de uma sociedade doente. Uma atitude extrema como esta iria comprometer as gerações futuras. E para que? Para manter uma estrutura Colonialista que já deveria ter sido enterrada há pelo menos 400 anos? Esta estrutura social teima em se manter viva, até quando?

12. O PESO DO ESTADO E A SUA RELAÇÃO COM A VIDA DAS EMPRESAS

Tradicionalmente somos uma sociedade de baixa mobilidade social. Isto pode ser entendido como a capacidade que um cidadão, pertencente às camadas mais pobres, em termos de remuneração salarial, tem de ascender socialmente. Essa ascensão pode acontecer com a melhoria do padrão monetário pessoal. Seja através de melhores e mais bem remunerados empregos que este cidadão consiga, seja criando a sua própria empresa e se tornando um contribuinte tipo pessoa jurídica bem-sucedida. Por outro lado, os brasileiros têm forte apelo em ser o seu próprio patrão, o que contrasta com o ambiente empresarial nacional que é caracterizado fundamentalmente por ser abundante em chicanas legais e burocráticas. Temos aqui um ambiente pouco auspicioso para quem virar empresário.

Abrir uma empresa no Brasil pode demorar até 01 ano dependendo das exigências legais e ambientais, mas segundo estudos internos oficiais, o tempo médio para abertura de uma empresa está em torno de 117 dias. Este mesmo número cai para 79,5 dias segundo dados do Banco Mundial. Nos países desenvolvidos este tempo está em torno de 5 dias úteis. Se formos levar em consideração que o ano civil tem teoricamente 264 dias úteis, fora os feriados e greves de juntas comerciais que podem durar mais de 6 meses, chega-se facilmente ao prazo de 01 ano, como pontuamos inicialmente.

O gargalo principal concentra-se nas exigências das prefeituras municipais de cada região do Brasil, que podem variar bastante de estado para estado e de prefeitura para prefeitura. Com pouco esforço entendemos que ser dono do próprio negócio no Brasil é para "empresários natos e apaixonados" que adoram o que fazem, ou para aqueles indivíduos que ficaram sem emprego e não têm outra opção que não seja virar empresário. Esta é uma dura realidade. Da mesma forma que abrir uma empresa brasileira é para profissionais do ramo, necessitando de muita vontade e coragem de vencer, fechá-la também não é nada fácil diante das atuais exigências legais. Pode chegar a ser quase tão complicado quanto abrir esta empresa. Para entender um pouco mais sobre este imbróglio empresarial brasileiro e reforçar os seus conhecimentos para abrir a sua própria empresa, leia a reportagem a seguir.

https://www.gazetadopovo.com.br/economia/empreender-pme/abertura-de-empresas-no-brasil-emperra-nas-prefeituras-e-leva-mais-de-100-dias-28aiwfb1nhqtt1l9snqms4gc3/

GAZETA DO POVO

"Abertura de empresas no Brasil emperra nas prefeituras e leva mais de 100 dias"

"Jéssica Sant'Ana [18/01/2017] [22h00]"

11.1 Tipos de proprietários das maiores empresas do mundo

As empresas podem ser divididas em três tipos básicos: de Capital Aberto, Familiar e Estatal. Nos países mais desenvolvidos, que possuem as economias mais fortes do mundo, há uma predominância das empresas de Capital Aberto, aquelas com ações negociadas na bolsa de valores e controladas por seus principais acionistas, que representam, em média, 75% do montante. Ainda neste tipo de economia, vêm em seguida as empresas de estrutura Familiar em um montante de 20% e por fim as Estatais com 5% do total. Estes percentuais referem-se a empresas/indústrias voltadas ao consumidor final. Contrastando pesadamente com estes percentuais, seguem os mesmos tipos de empresas, só que dos países de economias emergentes tais como o Brasil, Rússia, China, Índia e África do Sul. Nestes países as empresas de Capital Aberto caem para o percentual de apenas 25% do total. As empresas de estrutura Familiar crescem para 62% do total e as Estatais passam a representar 13% deste bolo mercadológico. Fácil observar que estes países dependem basicamente das empresas de estrutura familiar fechada e das Estatais. Na China comunista, por exemplo, criou-se o chamado Capitalismo de Estado, onde o governo tem presença marcante na vida das empresas, mesmo aquelas de Capital Aberto.

Quando se faz a mesma análise anterior, agora considerando no lugar das empresas voltadas para o consumo as Indústrias de Infraestrutura, tais como Transporte, Extrativa, Serviços Públicos e Telecomunicações, há um predomínio marcante da Estatal. Chegando a representar 50% do montante. Nos países desenvolvidos o percentual das empresas de Capital Aberto continua a ser predominante com 63% de média.

O que podemos concluir diretamente destes números, no contexto das empresas mundiais, é que há um marcante peso diferenciador quanto à natureza das mesmas, se de Capital Aberto, Familiar e Estatal, em economias desenvolvidas e as emergentes. Ou, colocando de outra forma, quanto mais recente é o crescimento de uma economia, onde haja falta de infraestrutura de base, maior é a presença do Estado. É isto que se verifica com facilidade na estrutura econômica do Brasil: a presença maciça do governo em negócios de todos os tipos. Seja direta ou indiretamente.

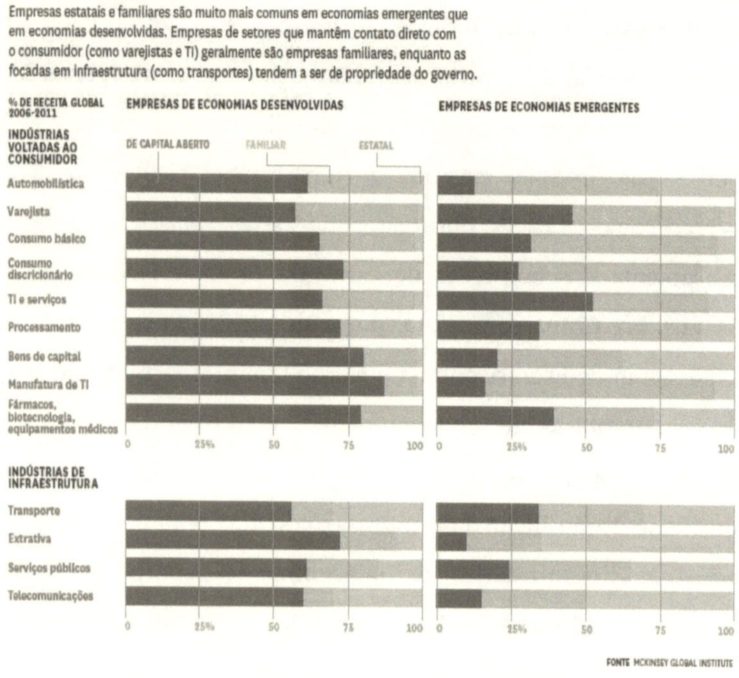

Outra conclusão importante a ser feita dos dados do Quadro a seguir, "Venda Bruta por Região no Mundo", abrangendo o período de 1980 a 2013, é o quão pouco o Brasil cresceu nestes últimos 33 anos. O quanto ficamos estagnados economicamente, assistindo o resto do mundo aproveitar a onda de crescimento mundial. Para tanto, basta analisar o deslocamento do Centro de Gravidade da Venda Bruta por região no mundo. Enquanto a China cresceu 16% neste período, os países emergentes da Ásia registraram 2% de aumento e a América Latina cresceu somente 1%. Até o Leste Europeu cresceu 3 vezes mais do que a AL. Se o Brasil representa 50 a 60% do mercado total dentro do continente latino, conseguimos ficar com pífios 0,5% de crescimento no período. Este Quadro fornece os percentuais dos países e continentes, representando o crescimento com variação positiva e decréscimo com variação negativa, em 33 anos de coleta destas informações. Literalmente, o Brasil está andando, em termos econômicos, a passos muito lentos, quase parando no tempo.

VENDA BRUTA POR REGIÃO NO MUNDO

Região	1980(%)	2013(%)	Variação
Estados Unidos e Canadá	29	24	-5
Oeste da Europa	36	23	-13
China	3	19	+16
Leste Europeu	2	5	+3
Japão e Coreia	12	9	-3
Emergentes da Ásia/Pacífico	4	6	+2
América Latina	6	7	+1
Desenvolvidos da Ásia/Pacífico	3	3	0

(Continuação...)

Região	1980 (%)	2013(%)	Variação
Oriente Médio	3	3	0
África	2	1	-1
Total	100	100	+22

Recomendamos que o leitor interessado leia a matéria citada neste subcapítulo, com uso de seus dados, na íntegra no seguinte link:

https://hbrbr.uol.com.br/como-sobreviver-no-futuro/

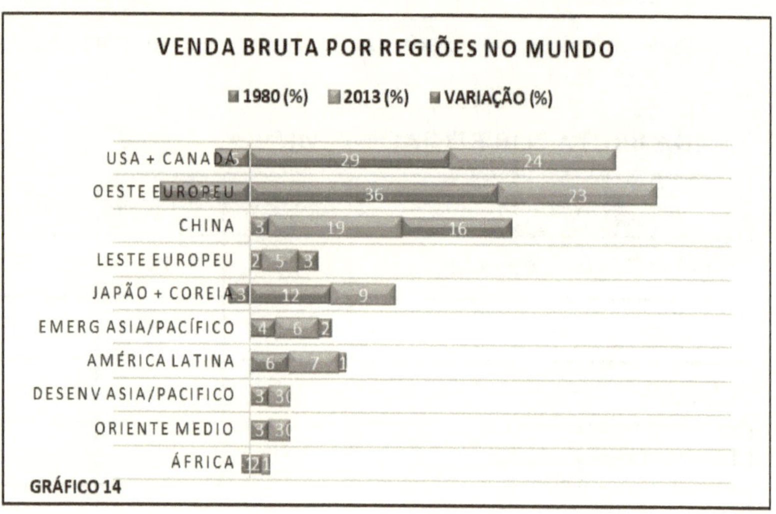

GRÁFICO 14

11.2 Sobrevivência das empresas no Brasil

As pequenas empresas no Brasil têm vida curta devido a diversos fatores. Quase sempre estes fatores são apresentados pelos especialistas no assunto como se dependessem preponderantemente do despreparo do empreendedor e sua falta de experiência como empresário. Resumidamente, podemos relacionar o que é fornecido pelos estudos e trabalhos divulgados por especialistas do SEBRAE - Serviço Brasileiro de Apoio às Micro e Pequenas Empresas: *"a situação do empresário antes da abertura, o planejamento dos negócios, a capacitação em gestão empresarial e a gestão do negócio em si."*

"Entre 2010 e 2014, a taxa de sobrevivência das empresas com até 2 anos passou de 54% para 77%. Em boa parte, essa melhora se deve à ampliação do número de Microempreendedores Individuais (MEI). Quando os MEI são excluídos da análise, a taxa de sobrevivência cresce apenas 4 pontos percentuais, passando de 54% para 58%. O MEI causa um impacto positivo no cálculo da taxa de sobrevivência de empresas porque, além da taxa desse segmento ser mais alta, a sua participação no total de empreendimentos passou de 0% para 63% do total de empresas criadas, entre 2008 e 2012. " Esta matéria sobre a vida útil das empresas no Brasil pode ser lida em sua totalidade no link a seguir: https://datasebrae.com.br/sobrevivencia-das-empresas/

No nosso entender o Microempreendedor Individual - MEI - foi a forma capciosa que o governo criou para taxar os desempregados que não tinham opção de trabalho a não ser abrindo uma "empresa individual". A partir daí o indivíduo passa a ser tributado pelos serviços que a sua pessoa física presta. Foi melhor para o Estado arrecadador ter uma situação como esta do que conviver com a informalidade do cidadão que ficava sem recolher impostos e taxas. Hoje, segundo dados do IBGE de 2017, a empresa individual representa 33% do total de todas as empresas brasileiras que juntas representam 4,45 milhões de MEI. Mais uma vez aqui assistimos a mão pesada do **Corporativismo Colonialista** trabalhando em prol dos seus próprios interesses na manutenção da monumental máquina governamental.

Vivemos hoje em um país com a economia em frangalhos, resultado de décadas de péssimas gestões socialistas. Criaram bolsas assistencialistas para manter o pobre no limiar da sobrevivência, mas foram incapazes de investir na educação fundamental de qualidade do seu povo. Isto sim seria libertador para as classes menos favorecidas. Investir na educação primária e básica de boa qualidade para a população e não encher o mercado de trabalho com títulos de "Doutores de Araque". Constituídos em sua grande maioria por indivíduos mal preparados e formados, que jamais encontrarão empregos decentes e condignos das respectivas profissões que escolheram. Concluíram seus cursos com o uso de bolsas de estudos subsidiadas. O FIES - Fundo de Financiamento Estudantil serviu para deixar ainda mais milionárias as redes privadas de ensino superior. Em contrapartida deixou um rombo enorme nas contas do governo federal, ainda não contabilizado adequadamente. Assim também funciona as engrenagens do **Corporativismo Colonialista**: deixar os amigos ricos do Rei mais ricos e os pobres, sobre rígido controle, mais pobres.

Ainda no rastro do assunto "vida útil das empresas", o SEBRAE fez uma pesquisa em 2016 envolvendo duas situações bem distintas, no período de 2008 a 2012, relacionadas à sobrevivência das pequenas e microempresas brasileiras. No primeiro cenário foi perguntado aos empresários, que fecharam as suas portas no primeiro ano de atividade, quais foram as principais razões. A Falta de Clientes e de Capital foram as principais causas alegadas, ambas com 16% cada, seguido de Falta de conhecimento (12%), depois Impostos excessivos e mão de obras, ambas com 10% e outras menos significativas. No segundo cenário, foi perguntado aos empresários o que teria sido útil para evitar o encerramento das suas atividades empresariais. Disparados em primeiro lugar, 52% responderam que seriam Menos Impostos, depois veio Mais Clientes com 28%, seguido de Mais Crédito com 21% e ainda 18% para Melhor Planejamento.

Estes resultados, em uma primeira análise, podem ser vistos como os próprios analistas do SEBRAE asseguram: pouca ou nenhuma experiência empresarial, despreparo profissional, visão equivocada do negócio, falta de gestão empresarial e a gestão do negócio em si. Mas não é difícil concluir, após conhecer os resultados de pesquisa do próprio SEBRAE, que os maiores percentuais para as causas do insucesso de pequenas e microempresas, se resumem em dois fundamentais: Tributos abusivos e capital caríssimo. Todas as demais causas são consequências diretas destas duas. O empresário aqui tem dificuldade em contratar mão de obra com encargos sociais exorbitantes e tem receio das ações trabalhistas paternalistas em prol do empregado. Aqui falta cliente porque o consumidor está totalmente sem dinheiro. Vivemos através de crises financeiras cíclicas. Temos um sistema financeiro, comandado pelos Bancos nacionais, extremamente predatório e abusivo. Existe até um aforismo popular que diz o seguinte: - "O melhor negócio no Brasil é um Banco bem administrado e o segundo melhor negócio é um Banco mal administrado!" Através destes pequenos descritivos estamos tentando dar a verdadeira dimensão do pesadelo administrativo e econômico de todos os dias do pequeno e microempresário brasileiro.

Até agora estamos comentando somente sobre as micros e pequenas empresas porque os dados que estamos analisando são delas. Porém o mesmo vale para as médias e grandes empresas privadas estabelecidas aqui e vivendo sob a mesma égide jurídica, fiscal e administrativa. Deste grupo podemos tirar as empresas que podem contar com um bom time de advogados competentes e lobistas eficientes.

Ter uma empresa bem sucedida no Brasil representa que este empresário pode abrir filial em qualquer parte do mundo que ele terá grandes chances de sucesso, abstraindo a questão cultural e da língua. As difíceis condições locais com alta carga de impostos, taxas e contribuições elevadíssimas, legislação tributária complexa e mutável, capacitam o empresário brasileiro para se assentar em qualquer praça. Mesmo sem mencionar a enorme burocracia, uma legislação trabalhista absurdamente desequilibrada em prol do empregado, o capital barato disponível somente para as grandes empresas dos "amigos do Rei", fazem do empresário brasileiro bem sucedido um verdadeiro herói. E, para completar o périplo comercial deste herói, ele será mal visto pelo cidadão comum: terão inveja do sucesso dele!

Fomos ao IBGE e consultamos alguns dados sobre as empresas brasileiras que consideramos, senão fundamentais, pelo menos importantes do ponto de vista de análise e conhecimento do todo como conjunto a ser analisado globalmente.

Número de empresas ativas segundo a natureza jurídica de entidades empresariais

Natureza jurídica	Total	4.458.699
	No. empresas	
201-1 - Empresa Pública		207
203-8 - Sociedade de Economia Mista		348
204-6 - Sociedade Anônima Aberta		713
205-4 - Sociedade Anônima Fechada		23.086
206-2 - Sociedade Empresária Limitada		2.349.557
207-0 - Sociedade Empresária em Nome Coletivo		559
208-9 - Sociedade Empresária em Comandita Simples		24
209-7 - Sociedade Empresária em Comandita por Ações		12
212-7 - Sociedade em Conta de Participação		1.492
213-5 - Empresário (Individual).		1.450.794
214-3 – Cooperativa		8.951
215-1 - Consórcio de Sociedades		2.009
216-0 - Grupo de Sociedades		19
217-8 - Estabelecimento, no Brasil, de Sociedade Estrangeira		136
221-6 - Empresa Domiciliada no Exterior		103
222-4 - Clube/Fundo de Investimento		9.562
223-2 - Sociedade Simples Pura		47.626

224-0 - Sociedade Simples Limitada	159.847
225-9 - Sociedade Simples em Nome Coletivo	165
226-7 - Sociedade Simples em Comandita Simples	15
227-5 - Empresa Binacional	2
228-3 - Consórcio de Empregadores	183
229-1 - Consórcio Simples	1
230-5 - Empresa Individual de Responsabilidade Limitada (NE)	383 550
231-3 - Empresa Individual de Responsabilidade Limitada (NS)	10 207
232-1 – Sociedade Unipessoal de Advogados	9 531

Fonte: IBGE, Diretoria de Pesquisas, Coordenação de Cadastro e Classificações, CEMPRE 2017.

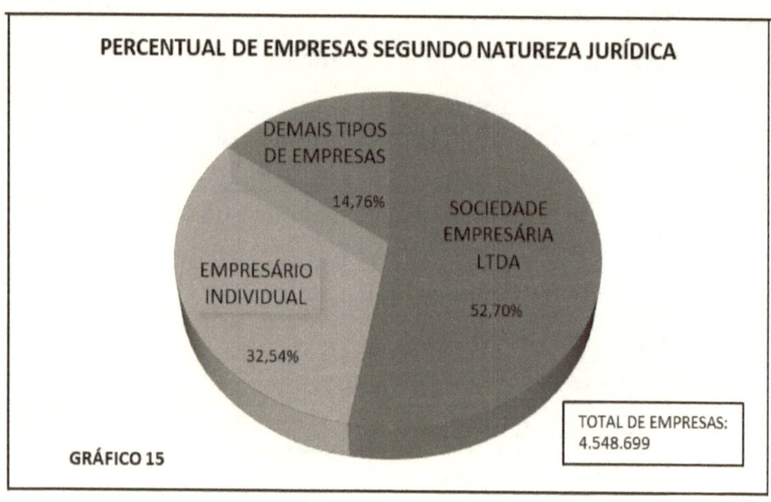

Número de empresas ativas segundo as faixas de pessoal ocupado assalariado

Faixa: Pessoas ocupadas assalariadas	**Total**	**4.458.699**
	No. Empresas	
Empresas com 0 a 4 pessoas	3 534 566	
Empresas com 5 a 9 pessoas	468 008	
Empresas com 10 a 19 pessoas	255 294	
Empresas com 20 a 29 pessoas	76 460	
Empresas com 30 a 49 pessoas	56 819	
Empresas com 50 a 99 pessoas	36 674	
Empresas com 100 a 249 pessoas	18 763	
Empresas com 250 a 499 pessoas	6 391	
Empresas com 500 pessoas ou mais	5 724	

Fonte: IBGE, Diretoria de Pesquisas, Coordenação de Cadastro e Classificações, CEMPRE 2017.

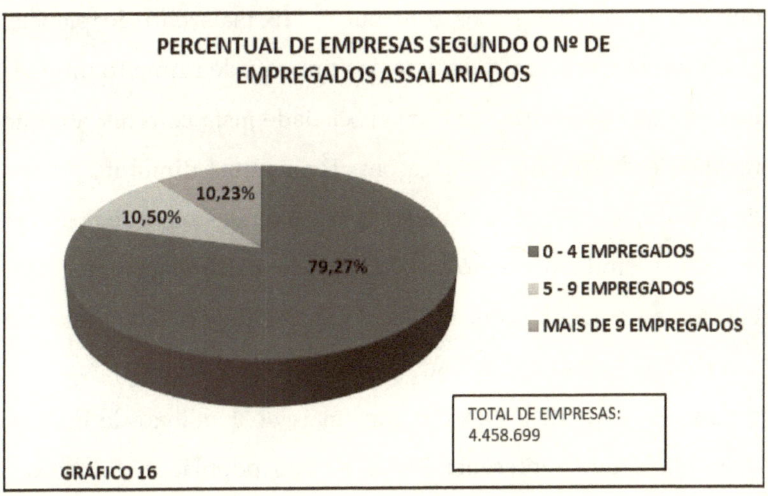

GRÁFICO 16

Finalizando este assunto gostaríamos de destacar o quanto a economia do Brasil depende, em termos numéricos, do empresário individual e da pequena empresa por cotas limitada. Estes dois grupos de empresas, juntas, representam 85,24% de todas as empresas brasileiras. Tomamos por pequena empresa apenas aquelas que possuem de 0 a 4 empregados, representando 79,27% do número de empresas no total. Infelizmente não conseguimos no IBGE os dados das empresas com relação aos seus faturamentos, recolhimento de Impostos, taxas e contribuições.

11.3 A Carga Tributária brasileira comparada à do resto do mundo

Há quem possa até assegurar que a carga tributária brasileira não é exagerada e está em posição intermediária em relação aos países mais desenvolvidos do mundo. Certo? Errado! O que estamos fazendo entre as economias mais desenvolvidas do mundo, apesar de termos o 8º ou 9º PIB mais alto do planeta, cobrando tributos como se fossemos um país de primeiro mundo? Isto não nos transforma em uma sociedade justa com distribuição igualitária de direitos e obrigações. Temos uma diminuta parcela da população milionária: aquelas famílias ou pessoas que possuem mais de 1 milhão de dólares (USD) de patrimônio em contas bancárias de acordo com o Global Wealth Report 2016 (relatório anual sobre fortunas elaborado pelo banco Credit Suisse). No total, o país possui 172.000 pessoas com mais de 1 milhão de dólares, quantidade que representa 0,08% da sua população. Fazendo o mesmo comparativo para a China, um país comunista que até 30 anos atrás desprezava o capitalismo, vivendo sob pesadas restrições às fortunas pessoais, encontra-se por lá hoje 875.000

pessoas com mais de 1,4 milhões de dólares, ou seja, 0,07% da sua população atual de 1,2 bilhão de chineses. Nada mal para quem pregava a miséria igualitária da filosofia comunista três décadas atrás.

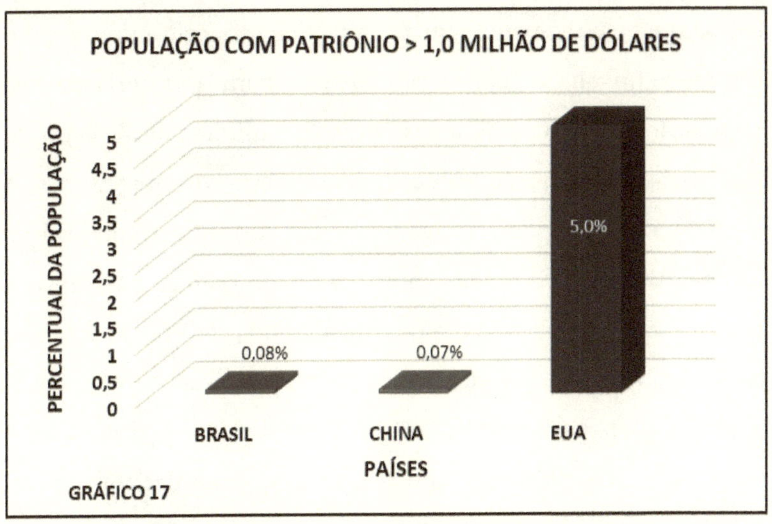

GRÁFICO 17

Agora, partindo para a Meca do Capitalismo, os EUA - Estados Unidos da América - a situação muda completamente. Lá são encontrados 15,36 milhões de pessoas com mais de 1 milhão de dólares, que representa 5% da sua população. Comparativamente ao Brasil, os EUA possuem 62,5 vezes mais milionários do que nós. A carga tributária deles é de apenas 25,4 % e a do Brasil é de 33,7%, para dados coletados pelo nosso Ministério da Fazenda em 2013. Pode-se até dizer que ficamos abaixo da média dos tributos que são cobrados nos Estados Unidos (25,4%) e na Suécia (48,6%), resultando em um valor médio de 37%. Contudo precisaríamos ser muito cínicos para sustentar uma afirmativa deste quilate tendo em vista as retumbantes diferenças da nossa qualidade de vida com as que existem nas terras do Tio Sam e da Rainha Sílvia. Que, aliás, tem um pezinho de ascendência no Brasil.

A nossa carga tributária além de ser extremamente alta em termos reais, comparativamente a outros países do mundo, também é extremamente injusta. Adicione-se a esta informação o retorno pífio que o Estado proporciona para a maioria da sua população em termos de investimento na infraestrutura física do país e social dos indivíduos. O brasileiro de menor poder aquisitivo, ou o pobre, paga mais tributos que o milionário, comparativamente aos seus ganhos e rendas. Isto se dá porque a taxação aqui é feita com base no consumo de produtos e serviços e não sobre a renda de cada um, de forma progressiva, onde quem ganha mais pagaria mais tributos. Aqui no Brasil, o milionário paga os mesmos tributos que o pobre ou o assalariado de um salário mínimo ao comprar quaisquer insumos tais como arroz, feijão, carne, pão e macarrão, etc. O mesmo raciocínio vale para a compra de serviços.

Voltando à questão da alta carga tributária no país, que torna o ambiente nocivo e nada estimulante para se criar e administrar empresas saudáveis e produtivas, atualmente a legislação tributária possui algo em torno de 80 tributos. Estes podem ser definidos basicamente como impostos, taxas e contribuições. O Estado criou um sistema cada vez mais asfixiante de controle e cobrança destas dezenas de tributos das empresas, onde seus contadores e /ou escritórios de contabilidades são compelidos a trabalhar de graça para o governo. Vários profissionais de contabilidade, possivelmente milhares ao nível de

Brasil, não suportando a carga de trabalho extra e as modificações diárias das regras de cobrança tributária, exigido e ditado pelo governo, acabaram por abandonar a profissão.

Dentro da América do Sul somos nós quem tem a maior carga tributária, agravado por uma péssima distribuição de recolhimento dos mesmos entre as esferas do poder. A do poder Federal fica com 69,5%, o Estadual com 25% e o municipal, onde ocorrem as maiores demandas por recurso, fica com somente 5,5%. Estes são dados médios ocorridos entre os anos de 2005 a 2014 que foram levantados pelo Ministério da Fazenda. Isto deu origem à famosa figura de linguagem utilizada pelos prefeitos brasileiros que dizem em uníssono: "Vou à Brasília atrás do presidente da república, de pires na mão!"

Diante desta profusão de tributos, das suas altas taxações, de uma péssima distribuição de quem os cobram e para onde deveriam ir, voltamos a perguntar se o principal motivo do insucesso das nossas grandes, médias, pequenas e microempresas, não estaria na raiz do que estamos chamando de **Corporativismo Colonialista**? Estamos falando não só do sufocamento das mesmas pelas garras governamentais, com cobranças de tributos excessivos, para poderem continuar a girar suas pesadas engrenagens burocráticas e manter uma Casta de Privilegiados. Enquanto isso ocorre o "peão" brasileiro, o cidadão comum corre atrás do prejuízo à custa do seu sangue e suor, tentando compensar o baixíssimo desempenho mundial que o nosso comércio e indústria apresentou nestes últimos 33 anos. Estamos sufocando o que há de bom no nosso país em troca do que? De alimentar nababescamente uma classe de funcionários públicos de alto escalão? Para manter uma estrutura política descomunal em termos de gastos? Alimentar um poder judiciário riquíssimo, sem equivalente no mundo? Para pagamento de indenizações e aposentadorias especiais a cidadãos que se disseram prejudicados pelo regime militar? Continuar a manutenção de geração de filhas de militares sem precisar trabalhar? Para manter todas as demais categorias de privilegiados que estamos insistentemente apontando o dedo neste livro investigativo?

Porque, depois de pagar todas essas pequenas fortunas de salários, benefícios, aposentadorias, empréstimos aos "amigos do Rei", uma infinidade de outras despesas federativas, juros e encargos bancários de novos empréstimos para sustentar os "não-pagos", nada sobrará para o médio e pequeno empresário. Ele ficará sem o Capital para Alavancagem do seu Negócio. Por isso é que todas as reclamações de *Falta de Cliente, Baixo Consumo, Inadequação ao Negócio, Problemas legais com a Mão de Obra* podem ser desconsideradas como causas principais de insucesso comercial das empresas. A principal causa pode ser creditada ao que estamos chamando de **Corporativismo Colonialista**.

Veja a matéria completa sobre Carga Tributária no seguinte link: https://www.politize.com.br/carga-tributaria-brasileira-e-alta/

DISTRIBUIÇÃO DOS TRIBUTOS ARRECADADOS NO BRASIL
5,5%
25,0%
69,5%
FEDERAL
ESTADUAL
MUNICIPAL

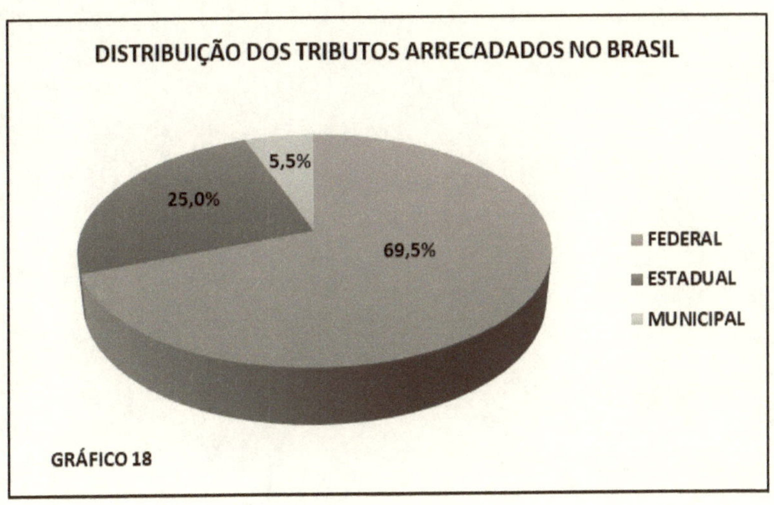

GRÁFICO 18

13. REGIME DEMOCRÁTICO, COMUNISTA OU MILITAR PARA O BRASIL?

Sempre tivemos no Brasil uma sucessão de inúmeros regimes políticos desde quando a República foi implantada após o período imperial. Estado Novo com Getúlio Vargas que durou 9 anos, o Regime Militar gerado pela Revolução de 1964 que durou até 1985 e a própria, dita, democracia até o momento atual. E as suas ocorrências em outros períodos menos turbulentos de um passado não muito distante. O que marca profundamente a nossa vida política é a inconstância dos regimes e dos próprios mandatários do poder. Já sofreram processo de Impeachment 4 presidentes durante os 129 anos de República. Além desta insegurança política, caracteriza este período da República a falta absoluta de planos de desenvolvimento industrial, econômico e educacional. Um planejamento mínimo poderia contribuir para que a nação proporcionasse uma existência condigna para os seus cidadãos.

A insegurança jurídica reinante no nosso meio advém diretamente da confusão social que é o Brasil. O Supremo Tribunal Federal, que é a mais alta corte jurídica do país, é escolhido exclusivamente por critérios de apadrinhamento político. Resulta, assim, nas aberrações jurídicas que estamos presenciando nestes dias de Operação Lava Jato. A justiça Federal processa, condena e manda prender. Em ato contínuo, vem a 2ª Turma do Supremo Tribunal Federal - STF - mandando soltar, por exemplo, o Sr. José Dirceu, uma das cabeças pensantes do Partido dos Trabalhadores. Deve-se a ele boa parte dos planos para assaltar o Estado. As pessoas que sonham com um país melhor para viver sentem-se injustiçadas com estas contradições, que são uma realidade permanente nas vidas delas desde sempre: remonta ao Brasil Colônia!

Claramente, alguns juízes do STF vêm trabalhando para contrariar o esforço laboral de juízes sérios, comprometidos com a verdade e a ética. Existe até a aberração do "Juiz" da Suprema Corte, Dias Toffoli, que não é juiz como definido pelos critérios determinados na legislação brasileira. Para poder alçar este cargo é necessário que o bacharel em direito seja aprovado em concurso público destinado à contratação de juízes. Contudo, ele foi colocado onde está pelo ex-presidente Luiz Inácio da Silva, como premiação por ter sido advogado do Partido dos Trabalhadores anos a fio e ser amigo do mesmo. Sabe-se, notoriamente, da existência de outros juízes togados do STF que tentam transformar a mais alta corte jurídica do país em um balcão de negociatas. Um observador político estrangeiro, proveniente de países do 1º mundo, ao ver este "estado de coisas" deve nos julgar como um povo extremamente fútil, mal informado e leviano. Será que poderemos, algum dia, transmutar em algo melhor este conceito desabonador que a nossa cultura ajudou a construir ao longo dos séculos?

O que pensamos propor para o Brasil, como forma de governo, é um regime político que não seja cópia de nenhum outro já implantado em qualquer outro país bem-sucedido. Nossa formação cultural, totalmente avessa à rigidez de horários, por exemplo, não permite encaixar ou implantar sistemas que funcionam bem em determinadas culturas do hemisfério norte originárias de povos caucasianos e nórdicos. Não adianta simplesmente proclamar ou ficar dizendo o tempo todo que existe democracia no Brasil, e que podemos ser governados através dela, quando a maioria da sua população não sabe votar porque é analfabeta plena e, minimamente, analfabeta política! Não sabe ler e, quando sabe, muitas vezes tem preguiça e não gosta de política. Não conhece um mínimo de história contemporânea e história antiga das principais civilizações formadoras das culturas ocidental, oriental e asiática. Damos mostras diárias de que não queremos ter este tipo de conhecimento, ao considerá-lo enfadonho e desnecessário!

Mas como iremos evitar erros políticos futuros se não conhecemos os do passado? Uma grande massa de eleitores, infelizmente, pode trocar o seu voto por um Vale Transporte de ida e volta para a sua casa; por um pãozinho francês com margarina e salame, dos mais baratos! O eleitor mais humilde e simplório vota pensando no alimento imediato para o seu estômago e não na escolha correta de políticos honestos que poderiam trabalhar com competência. O que se vê dos candidatos a políticos são indivíduos sem a menor bagagem cultural e conhecimento da política. Ou eles são famosos com grande penetração na mídia televisiva ou conseguida por massivo aporte financeiro, e acabam elegendo-se para importantes cargos políticos com votações maciças.

Aqueles candidatos que possuem planos consistentes para tirar o país deste atoleiro secular, no qual estamos chafurdados, ou não existem ou não têm a menor chance de serem eleitos. Se por alguma "graça divina" são eleitos, estes políticos idealistas, inteligentes e bem-intencionados para com o bem comum não têm a força necessária para aprovação dos seus projetos. E qual será a quantidade necessária de "políticos do bem", aqueles idealistas, patriotas e altruístas, dispostos a trabalhar contra uma estrutura política totalmente viciada em servir aos seus próprios interesses corporativistas, precisamos ter no Congresso Nacional? Com bagagem cultural e conhecimentos técnicos suficientes para criar leis que embasem planos consistentes? Que não fiquem exclusivamente a soldo de grandes grupos econômicos ou nomeando praças e ruas das suas cidades com nomes de figuras públicas de valor questionável?

Em termos políticos, vivemos atualmente o que ordinariamente se chama de democracia sob a égide do sistema presidencialista de governo. Parece-nos estar mais para um sistema parlamentarista, dado à profusão de dezenas de partidos políticos existentes na atual conjuntura, o que obriga qualquer presidente a ficar permanentemente "de joelhos" para aprovar seus projetos. Atualmente existem 35 partidos políticos e pedidos para criação de mais 60. Será possível tal descalabro? Diante desta realidade e para aparelhar o Estado em prol de um projeto de poder muito bem elaborado, o governo Petista criou nos idos de 2003 a 2004 a aberração chamada Mensalão. Uma "mesada" paga a parlamentares do Congresso, leia-se Deputados Federais e Senadores, com o dinheiro público, operado pelo Partido dos

Trabalhadores e com o aval do presidente Lula à época, para aprovação dos seus projetos.

O objetivo do Mensalão era óbvio: conseguir aprovações de leis que tornassem mais fácil o controle absoluto de Estatais, Paraestatais e Agências Governamentais de vários matizes. Tal projeto de poder compreende a intenção de implantar o socialismo na América Latina, como "reza" a Cartilha do Fórum de São Paulo. Para demonstrar, através de um caso banal registrado, como o PT considera seu o bem público, a 1ª Dama da República, D. Mariza, logo que entrou para o Palácio da Alvorada mandou confeccionar nos seus jardins uma estrela do Partido dos Trabalhadores!

Como bem vimos no Regime Militar, por mais que as vozes de esquerda queiram desmerecê-lo e acusá-lo de ter cometido barbáries contra militantes da esquerda, teve acertos e erros. Acertou em investir na infraestrutura do país que era demasiadamente precária e errou ao estatizar em demasia. Outro erro cometido, e este foi crucial, foi fechar os olhos para a infiltração da ideologia da esquerda. Esta se deu através da imprensa, seus jornalistas e das universidades federais. Achou que o sufocamento das rebeliões armadas, que teriam implantado uma ditadura de esquerda no país, caso tivesse ganhado das forças do exército, fosse o suficiente. Hoje percebemos, com muita clareza, que não foi. Para tanto basta observar toda a cultura e a imprensa nacional voltada para a ideologia socialista, com raríssimas exceções. Só o fato dos militares terem impedido que a nação caísse nas mãos dos comunistas já seria suficiente para positivar o Regime Militar.

Na nossa avaliação este regime teve muito mais pontos positivos do que negativos, mas não concordamos, em hipótese alguma, com o retorno dos militares à direção política do Brasil. Eles não têm o preparo político e deram mostras cabais através dos erros grosseiros de avaliação que cometeram, sobre o comportamento social e político nacional que se desenhava. Não perceberam o quanto o poder que representavam à época estava sendo minado pela força da Esquerda Comunista.

Quando os militares saíram do governo, eles estavam com o "rabo entre as pernas" como se fossem os únicos culpados dos erros cometidos durante a vigência deste regime. Esqueceram-se de colocar no mesmo "balaio" os políticos civis e empresários que deram suporte a este regime. Sem o trabalho dos mesmos não teriam sequer rodado as engrenagens do país! Podemos citar alguns nomes somente para refrescar a memória dos mais esquecidos e que sem o apoio dos mesmos seria impossível administrar o país de forma plena. São alguns deles: Delfim Netto, Mário Henrique Simonsen, Roberto Campos, Tancredo Neves, Paulo Maluf, Romeu Tuma, José Sarney, Ulysses Guimarães, Roberto Marinho, Theobaldo de Nigris e Henning Boilesen. Vê-se, por este suporte de eminentes cidadãos civis das áreas econômica, política, administrativa, midiática e policial, que o militar não poderia e não conseguiria sozinho, tocar política e administrativamente o Brasil. Por isto achamos injusto que alguns poucos insucessos deste período sejam creditados exclusivamente na conta dos militares.

Dois fatores externos foram cruciais para iniciar o processo da derrocada deste regime: a crise mundial do petróleo em 1980 e a Guerra das Malvinas, no confronto bélico entre Argentina e Inglaterra. A derrocada do regime militar na Argentina, devido ao fiasco nas Malvinas, serviu de efeito cascata para o nosso regime. Creditamos no "Contas a Pagar" deste período, os "anos de chumbo", a dificuldade imposta pela maneira como governaram. Utilizando-se de "mãos pesadas" para o seu comando, impossibilitaram a formação de uma classe política civil de qualidade e comprometida com ideais nobres. Gerações inteiras foram inibidas de exercer o seu direito político por opressão dos militares e isto foi um verdadeiro "tiro no pé" da nação. Hoje, devido a esta falta, não temos políticos com capacidade suficiente para trabalhar dentro de parâmetros patrióticos e minimamente competentes. O brasileiro acabou por enraizar uma raiva de política e de tudo aquilo que o fizesse lembrar-se dela. Tornou-se, de fato, mal informado em termos políticos, transformando-se, desta feita, em um "cordeiro nas mãos de lobos famintos". Sem partido político e representatividade profissional, a esquerda, os oportunistas e aventureiros de plantão, vieram e trabalharam este cidadão, avesso à política, no seu mais "fiel escudeiro"!

Foram os militares, inclusive, que ajudaram na criação do Partido dos Trabalhadores. Foi a única solução vista por eles para fazer oposição ao comunista Leonel Brizola. Formaram-se duas categorias de políticos durante este regime: o "puxa saco", adulador do regime militar e o de viés de esquerda. Este último, insistentemente, vem tentando tomar o poder de forma completa e absoluta, com o propósito de criar uma ditadura de esquerda, travestida de social democracia, tal como é em Cuba e na Venezuela! Esta é a principal diretriz do Fórum de São Paulo, que é uma organização internacional, criada a partir de um seminário ocorrido na cidade de São Paulo em 1990, que reuniu todos os países latino americanos de orientação socialista.

Em nossa opinião, sobre qual seria um dos maiores prejuízos financeiros provocados ou advindos em função do Regime Militar, diríamos que é a casta de "perseguidos políticos". Ela foi criada tão logo os "Milicos" terem passado o "Bastão" do comando político para os civis de forma plena, no chamado processo de redemocratização. Com a nova classe de "perseguidos políticos", criou-se, a partir da lei 10.559 de 2002, uma despesa gigantesca, hoje já em torno de 10 bilhões de reais. De difícil mensuração da realidade, no que tange a quem tem direito ou não, e que dificilmente será estancada. E para fazer exatamente "o que" pelo país? São artistas, jornalistas, políticos, ativistas da esquerda e toda sorte de profissionais e estudantes simpatizantes do comunismo. Eles queriam estabelecer uma democracia do proletário, leia-se, queriam implantar aqui uma Ditadura de Esquerda! A seguir relacionamos 07 personalidades destes aposentados pelo Estado, dos mais proeminentes, por terem tentado introduzir, ou facilitar com ideias, o comunismo no país: Luiz Inácio da Silva, Dilma Rousseff, José Dirceu, José Genuíno,

Ziraldo (cartunista), Carlos Heitor Cony (jornalista) e Geraldo Azevedo (cantor e compositor).

Do Diário Oficial da União, transcrevemos a Portaria que segue abaixo concedendo aposentadoria e retroativos a um dos mais de 10 mil civis anistiados até o presente.

"PORTARIA No - 1.085, DE 3 DE NOVEMBRO DE 2016 O MINISTRO DE ESTADO DA JUSTIÇA E CIDADANIA, no uso de suas atribuições legais, com fulcro no artigo 8º do Ato das Disposições Constitucionais Transitórias da Constituição Federal de 1988, regulamentado pela Lei nº 10.559, de 13 de novembro de 2002, publicada no Diário Oficial de 14 de novembro de 2002, e considerando o resultado do julgamento proferido pela Comissão de Anistia, na 5ª Sessão Plenária, realizada no dia 02 de agosto de 2016, no Requerimento de Anistia nº 2003.01.14490, resolve: Dar provimento ao Recurso interposto por JOSÉ APARECIDO DE OLIVEIRA, portador do CPF nº 636.962.318-00, para ratificar a condição de anistiado político, e conceder reparação econômica, de caráter indenizatório, em prestação mensal, permanente e continuada, no valor de R$ 3.093,63 (três mil, noventa e três reais e sessenta e três centavos), com efeitos financeiros retroativos da data do julgamento em 02.08.2016 a 11.02.1994, perfazendo um total retroativo de R$ 904.061,81 (novecentos e quatro mil, sessenta e um reais e oitenta e um centavos), nos termos do artigo 1º, incisos I e II, da Lei n.º 10.559, de 13 de novembro de 2002. ALEXANDRE DE MORAES"

E não cessam de chegar novos pedidos de aposentadorias e indenizações para o Ministério de Estado da Justiça e Cidadania. Faremos apenas uma pequena ressalva com relação ao anistiado Lula, porque o próprio Romeu Tuma Júnior já afirmou no seu livro, "Assassinato de Reputações", em depoimento a Cláudio Tognolli, que ele era na verdade "Dedo Duro" da direita. Vejam como Tuma Júnior descreve Lula em seu livro: *"Na ditadura, Lula foi um dos mais importantes informantes do Dops capitaneado pelo meu pai. Já dei umas pitadas sobre isso, mas agora vamos ao prato principal. O Dops contava com quatro tipos de fontes de informação humana: os informantes, os infiltrados, os delatores e os "caguetes" (ou alcaguetes). Lula pertencia à categoria dos informantes, e tinha o codinome "Barba". No sindicalismo, os informantes eram chamados também de "pelegos" ou de "judas". Não tenho dúvida de que a Lei da Anistia acabou abrindo indevido espaço ao peleguismo para uma injusta, falsa e oportunista apropriação da história de lutas contra a ditadura. Se soubessem que era informante pessoal de meu pai, Lula estaria morto há muito tempo. "* Vê-se que esta importante figura da história política brasileira trata-se de um apartidário, sem ideologia alguma a não ser a de enriquecer pessoalmente.

Por mais incrível que pareça não são somente 10 mil civis que foram beneficiados até a data de hoje pela Lei da Anistia nº 10.559 de 2002. Temos também relacionados mais de 3,6 mil militares das três armas - Exército, Marinha e Aeronáutica - que foram igualmente anistiados. Até mesmo a viúva de um militar da época, o Capitão Lamarca, aproveitou-se desta lei para se beneficiar. E beneficiar do que? Ele, apesar de militar, era de esquerda. Abandonou a farda e entrou na luta armada defendendo os seus ideais políticos. Este militar, que após a sua morte, foi promovido a Coronel exclusivamente para beneficiar a sua viúva. E beneficiará também a provável filha que eles tenham tido e que não se casou legalmente. Isto porque, após a morte da sua mãe, ela passará a ter direito a este benefício. Muito injusto, não é mesmo? Estamos criando gerações após gerações de beneficiários do Estado que jamais precisarão trabalhar e dar duro para pôr o "pão de cada dia" nas mesas de suas casas. Porque eles simplesmente tentaram implantar o regime comunista na sociedade brasileira.

Se o Regime Militar se mostrou "incapaz" de conduzir o Brasil para o time dos países com alto IDH - Índice de Desenvolvimento Humano, pelo menos o trouxe junto ao bloco das 8 nações com o maior Produto Interno Bruto - PIB - do mundo. Se antes do regime militar estávamos no 40º lugar em termos de PIB perguntamos então o seguinte: que regime político melhor atenderá às nossas necessidades, dadas às características culturais e sociais sob as quais nos formamos como povo de uma nação? Esta é uma questão basicamente afeita a antropólogos e sociólogos, mas não nos privaremos de dar a nossa opinião baseada em observação pontual de algumas culturas e estudo de história de algumas nações. A democracia praticada atualmente aqui é uma mera figura de linguagem. Utilizada principalmente por quem não conhece nada da nossa estrutura política, ou pelo político que vive da ignorância de um povo que mal sabe ler e escrever com proficiência.

Acreditamos que o modelo político que mais se adeque às nossas características socioculturais, levando em consideração o baixíssimo nível de informação atual da população, não pode ser o de uma democracia aberta com votação direta para os diversos cargos políticos. Estamos propondo um modelo político para atender o momento atual, que não precisaria ser modificado nos próximos 20 anos. Somente a partir do momento em que o Estado começasse a investir maciçamente em educação fundamental e básica de alta qualidade, a partir de agora, teríamos uma população de jovens independentes e inteligentes. Estamos nos baseando no conhecimento, amplamente praticado pelo 1° mundo, de que dar a melhor educação possível para a sua população é a maior riqueza que um país pode ter. Trata-se, por exemplo, de deixar para trás o mito criado em torno da riqueza que representaria o Petróleo do Pré-Sal, como se fosse a salvaguarda do nosso sucesso e futuro. Como disse um Xeique árabe em plena crise de 1980 do petróleo: "A idade da pedra não acabou por falta de pedras, assim como a idade do petróleo passará não pela sua falta". Corremos o sério risco de não explorar todo este petróleo, alardeado por pilantras da política, como a "salvação da lavoura" no Brasil, face ao avanço tecnológico transformador da humanidade.

Nenhuma riqueza mineral supera a capacidade do trabalho criativo que um povo tecnológica e culturalmente avançado tem. Os exemplos no mundo são vários: Israel, Japão, Holanda, etc. São países diminutos em termos de área, com pouquíssimos recursos minerais (ou nenhum), que superaram as adversidades naturais ao criarem riquezas enormes com o uso da tecnologia e da cultura. Países como a Venezuela, riquíssima em petróleo, mas dominada por oligarquias centenárias retrógadas que controlam o que o povo pode ou não fazer, viverá eternamente à mercê dos caprichos de uma reduzidíssima classe dominante.

Até que um dia consiga se libertar deste processo de escravização social e comece a educar com qualidade e quantidade a sua população.

Para enfrentar os problemas de criar condições para o desenvolvimento do Brasil, teremos que pensar em dois "Brasis" para podermos sugerir um modelo político/econômico que realmente funcione. O primeiro, com a maioria de sua população vivendo em condições precárias (atualmente com 13,7 milhões de desempregados, segundo o Senso de março/2018 do IBGE - Instituto Brasileiro de Geografia e Estatística), e outros 14 milhões em subempregos, sem o devido ensino fundamental e médio de qualidade à sua disposição. Para completar este "quadro aterrador" deste primeiro Brasil, possuímos 50 milhões de analfabetos. Inversamente oposto a esta situação constrangedora, temos um segundo Brasil que possui índices econômicos dignos de países de 1º mundo: 8º PIB do planeta, a 4ª maior frota de helicópteros do mundo, a 2ª maior frota de aviões executivos do mundo e 1 carro para cada 4 brasileiros. E são estes altos e baixos índices econômicos e sociais, demostrando que vivemos em um país de contrastes, que propiciam fortemente o recrudescimento das desigualdades sociais.

Somos defensores ferrenhos de que o Estado deixe de investir no ensino superior e passe a concentrar todos os seus recursos na pré-escola, no ensino fundamental e no ensino médio. Neste último com ênfase à profissionalização do jovem para, assim, enterrar de vez a falácia da "universidade para todos". Junto com ela eliminar o sistema preconceituoso de cotas raciais que, em última instância, cria um racismo que não existe no Brasil. De que adiantam universidades que pouco ou nada ensinam? Quem lá está pode saber ler e escrever, mas é incapaz de dizer o nome de um livro que tenha lido, por livre escolha e vontade, nos últimos dois anos. Alguns alunos são praticamente analfabetos funcionais: incapacidade que uma pessoa demonstra ao não compreender textos simples lidos por ela. Lê, mas não entende o que está escrito.

Universidade deve ser considerada como no modelo dos Estados Unidos: muito cara e especialmente para aqueles que são competentes acima da média. Os muito ricos podem pagar pelos seus estudos. Os ícones esportivos e os geniais recebem bolsas totais ou parciais das universidades particulares, sejam eles da cor e raça que forem. Não pode existir universidade estatal. Não existe melhor modelo do que este, aliás, é semelhantemente ao praticado por todos os países do 1° mundo. Não só pelo seu resultado para o sucesso mundial, mas também por ser a expressão máxima da meritocracia. Algo que nós brasileiros e funcionários públicos de alto escalão não gostamos de ouvir. Esta expressão soa como um "palavrão" que nunca deve ser proferido abertamente dentro de repartições públicas de ensino e pesquisa no Brasil.

Se pegássemos todo o dinheiro público atualmente gasto nas universidades federais e o investíssemos na educação fundamental e ensino médio do sistema educacional, poder-se-ia contratar os melhores profissionais de todas as áreas das atividades humanas. O profissional altamente qualificado e competente hoje foge dos empregos de salários medianos ofertados por estas escolas. Haveria, com certeza, uma procura sem igual pelos melhores e mais bem preparados profissionais do mercado. Eles sentir-se-iam honrados em participar da educação das crianças e jovens do seu país. Adicionalmente a isto, eles seriam valorizados e bem remunerados para exercer esta bela função: ajudar a educar e ensinar a juventude brasileira. Tal proposição pode soar como uma utopia absurda, mas os dados que passaremos agora para o leitor é a mais dura realidade sobre o ensino superior estatal atual.

O Banco Mundial, contratado pelo governo federal, fez um estudo completo em 2017 sobre diversos gastos financeiros do Brasil e analisou a eficiência e equidade do gasto público brasileiro em todas as áreas de investimento e das universidades. O estudo apontou distorções do seguinte tipo: um aluno do ensino superior de uma Universidade Federal chega a custar até 3,25 vezes mais que o que custa o mesmo aluno na rede particular de ensino.

Vejam os números:

*"**Em média, um estudante em universidades públicas no Brasil custa de duas a três vezes mais que estudantes em universidades privadas**. Entre 2013 e 2015, o custo médio anual por estudante em universidades privadas sem e com fins lucrativos foi de aproximadamente R$ 12.600 e R$ 14.850, respectivamente (Figura 97). Em universidades federais, a média foi de R$ 40.900. Universidades públicas estaduais custam menos do que as federais, mas ainda são muito mais caras do que as privadas, custando aproximadamente de R$ 32.200."*

http://documents.worldbank.org/curated/en/884871511196609355/pdf/121480-REVISED-PORTUGUESE-Brazil-Public-Expenditure-Review-Overview-Portuguese-Final-revised.pdf

Este estudo chegou, entre outras importantes conclusões, à seguinte máxima principal: *"O principal achado de nossa análise é que alguns programas governamentais beneficiam os ricos mais do que os pobres, além de não atingir de forma eficaz seus objetivos. Consequentemente, seria possível economizar parte do orçamento sem prejudicar o acesso e a qualidade dos serviços públicos, beneficiando os estratos mais pobres da população."* Podemos, a partir desta fundamental e importante conclusão, entender que a estrutura governamental foi montada e opera de tal forma a privilegiar as camadas mais ricas da população. Será uma estranha coincidência que a nossa sociedade tenha predileção pelo que não funciona no mundo dos países bem-sucedidos, ou estamos nos programando realmente para não dar certo como um país de 1° mundo? Por que então, insistir em fornecer ensino superior de qualidade duvidosa para uma classe abastada que pode pagar por este serviço? Por que divulgar a falsa ideia de que ensino superior tem que ser universal e para todos?

É bom relembrar o conceito de que o ensino superior deve ser encarado em nosso país como o é em todos os países do 1° mundo: para poucos e suportado somente pela meritocracia e/ou capacidade econômica em sustentá-lo. Por que nós - um país de parcos recursos humanos básicos - com falhas gritantes na formação fundamental e média de ensino para nossos jovens, pensamos que podemos ser diferentes do resto do mundo desenvolvido? Além disso, ainda criamos a lei mais racista do mundo: a de Cotas Raciais. Onde o aluno ingressa em uma universidade baseado em critérios únicos da cor da sua pele. Se for negro, mulato, mameluco ou índio pode entrar que a vaga estará garantida. Será preciso somente isto? Porque o mercado de trabalho não é paternalista como o são as empresas estatais deste país e os empregos não estarão garantidos. Não adianta ofertar universidade medíocre gratuita para todos, como se fosse possível transformar todos os cidadãos deste país em Doutores. Universidade não é para todos por direito, mas é para os poucos que se esforçam direito e possuem capacidades intelectuais compatíveis.

O que não pode ocorrer na cadeia de salários é um médico com emprego na esfera governamental, por exemplo, ganhar 30 vezes o salário mínimo de um trabalhador de formação média ou primária. Um lixeiro ou um servente da construção civil, de fato, deveria ter salário bem próximo ao do "Doutor" para que não fosse criado este imenso abismo econômico e social entre as classes profissionais. A sociedade brasileira, em termos de distribuição de rendas, é uma das mais injustas do planeta e não adianta corrigir este "câncer" social com políticas que só fazem aumentar cada vez mais esta distância. A lei de cotas raciais é um exemplo clássico disto a que estamos nos referindo.

Diante deste quadro estarrecedor de como gastamos mal o recurso financeiro, investindo em ensino superior de baixíssima qualidade, onde alunos recém-formados nas universidades federais saem sem saber praticar a sua profissão de forma adequada, resta-nos uma opção realmente revolucionária: privatizar integral e imediatamente as universidades federais! Isto irá chocar, sem dúvida alguma, todos os atuais professores, reitores e funcionários das nossas escolas federativas de ensino superior, mas perguntemos à sociedade, aquela que banca essa situação, o seguinte: - por que gastar dinheiro público com alunos que podem se sustentar? Aqueles de capacidades intelectuais extremas e sem recursos financeiros, óbvio que deverão ser bolsistas!

Estamos realmente financiando ensino superior de altíssima qualidade, atualizado com a realidade profissional do mercado corrente, ou estamos repetindo sempre erros básicos que não permitem a formação de profissionais capazes de trabalhar com tecnologias de ponta? Por que as universidades públicas repudiam veementemente a entrada de investimento privado nas mesmas? Para não serem cobradas por meritocracia? Por que não deixamos este encargo oneroso para a iniciativa privada que poderá ganhar até mais com alunos que têm capacidade financeira e potencial intelectual? Deixemos que os alunos bem-sucedidos e ricos, que se formaram por suas universidades, sejam os reais patronos do ensino superior através de doações substanciais de suas fortunas.

Continuando a polêmica da discussão sobre a forma de governo a ser adotado pelo Brasil, se democracia, ditadura militar de direita ou ditadura militar comunista, temos sérias dúvidas sobre qual o melhor modelo a implantar. Ainda mais quando percebemos que, em algum ponto do nosso passado, nós perdemos a capacidade de nos emocionar com o sentimento de nacionalismo e patriotismo. Temos vergonha da nossa bandeira nacional e do nosso Hino? É bem provável que sim. Hoje, com a polêmica suscitada pelo pedido do ministro da Educação para que as crianças entrem para as salas de aulas cantando o hino sob hasteamento da bandeira nacional, fez-me lembrar da minha época em que era garoto de 9 anos em 1964. Ninguém havia me ensinado, até então, que aqueles ritos nacionalistas eram importantes de serem praticadas para se aprender a amar e respeitar uma nação. Também tinha vergonha e sentia-me forçado a cantar o hino nacional e o da bandeira. Ficava "puto" e constrangido internamente de seguir aqueles rituais militarescos. E sabem por quê? Em casa, meu pai, que não era um amante árduo da política (entretanto via Carlos Lacerda, um ferrenho político de direita, como um ídolo), fazia chacota do governo militar da revolução, contando anedotas depreciativas sobre os generais. Não somente ele, mas a sociedade brasileira como um todo fazia o mesmo, apesar dela ter pedido a intervenção militar.

Neste tempo da minha infância, de 1964 a 1968, todos os adultos e crianças, que naturalmente, na sua maioria, imitavam os seus pais, faziam mil piadinhas de quanto os militares eram bobos, burros e incompetentes. Não tínhamos a mínima noção da importância deles e que eles tinham nos poupado de passar por uma ditadura de esquerda: "*Como la Cuba de Fidel Castro*"! Pois muito bem, se a minha geração, nascida em meados da década de 50 e a do meu pai, que nasceu em 1926, éramos totalmente ingênuos, tolos ou neófitos em termos políticos, pois desconhecíamos os reais motivos da revolução de 1964, o que aconteceu com as gerações que nos antecederam? E sobre os brasileiros dos séculos XIX, contemporâneos da proclamação da república em 1889, avós dos meus pais? Voltemos aos tempos de Brasil Império e vamos perceber uma característica única do brasileiro: falta absoluta de amor e paixão pelo seu próprio país. Não é uma simples definição deste tipo, simplificada ao extremo, que irá definir o que realmente passa pela cabeça do brasileiro quando o assunto é o seu nacionalismo.

Carecemos de uma identidade nacional, de heróis e mártires nacionais com força capaz de motivar as crianças e jovens deste país. Na falta deles, idolatramos figuras políticas personalistas fortes, prepotentes e dominadoras como o foi Getúlio Vargas, conhecido também como "pai dos pobres". Até a esquerda nacional teve o seu projeto de Caudilho de estimação ao tentar fazer de Lula, um apartidário sociopata em último grau, um grande estadista. Tão grande ele quis ser que tentou de todas as formas cindir a sociedade brasileira entre "nós, os pobres do norte/nordeste e eles, os ricos do sul/sudeste". Aliás, quase conseguiram este feito, não fosse a Lava Jato e seus muitos operadores. Tivemos um "Caçador de Marajás" que rapidinho foi apeado do poder por se indispor com parte da classe de funcionários públicos, políticos de todas as correntes e a mídia em geral. Um verdadeiro louco sem noção.

Hoje temos um político honesto como presidente da república, ex-militar, que coloca "a pátria acima de todos e Deus acima de tudo". Não, não vamos estudar todos os presidentes e nem os regimes políticos que passamos nesses últimos 90 anos. Somente este assunto daria um livro gigantesco com milhares de páginas se fossemos dissecar a fundo a questão política e social da nação brasileira. Nem é a nossa área de formação acadêmica. Estamos apenas atrás de respostas plausíveis para propor um modelo, senão ideal, suficiente ao menos para solucionar a questão formulada no início deste capítulo.

A título de simplificação através de um raciocínio lógico indutivo relacionaremos a seguir, resumidamente, as modificações políticas, sociais e administrativas que consideramos fundamentais para serem implantadas aqui. De forma a permitir conduzir eficientemente, pelos mandatários legais desta nação, um país de dimensões continentais e enorme diversidade cultural como é o Brasil.

1. Regime democrático com eleições diretas para os principais cargos eletivos;
2. O voto passa a ser um direito e não uma obrigação. Vota quem quer e pode;
3. Pode votar somente os alfabetizados maiores de 21 anos e com capacidade de compreensão de textos de média complexidade;
4. Redução do número de Deputados federais de 513 para um máximo de 150;
5. Redução do número de senadores de 82 para um máximo de 40;

6. Critérios para definição da quantidade de políticos por estado da federação passam por analise e estudo de profissionais competentes da ciência política;
7. Criação de um **Corpo de Notáveis**, nas esferas federal, estadual e municipal para estabelecer projetos de crescimento do país. Corpo este escolhido por critérios únicos de capacidade profissional / notório saber;
8. O **Corpo de Notáveis** será responsável por planejamento nacional, nas três esferas de administração. Planejamentos quinquenais, sujeitos a revisões, para cumprimento independente da vertente política reinante.
9. Políticos com suas tarefas vinculadas estritamente ao crescimento e desenvolvimento do estado e cidade que eles representam;
10. Permissão da existência de somente 4 partidos políticos. Hoje eles são 35 e há pedido de mais 60;
11. Reforma Constitucional para cortar o que há de superabundante (como legislar para além do que é necessário) a uma constituição enxuta;
12. Reforma previdenciária colocando todos os brasileiros no mesmo regime de aposentadoria;
13. Reforma do Judiciário cortando todos os privilégios e gorduras atuais;
14. Reforma do Legislativo cortando todos os privilégios e gorduras atuais;
15. Reforma do Executivo cortando todos os privilégios e gorduras atuais;

16. Privatização de todas as Estatais que não operem com Saúde, Segurança e Educação infantil;
17. Ensino fundamental e médio totalmente gratuito subsidiado pelo Estado;
18. Privatização de todas as universidades federais, estaduais e municipais;
19. Reforma tributária para redução dos tributos a limites racionais;
20. Reforma do sistema financeiro atual: quebrar o oligopólio dos Bancos e a eliminação dos juros absurdos para a população e empresas;
21. Reforma do sistema penitenciário atual: colocar em Plebiscito a Pena de Morte e Trabalho Carcerário entre outras necessidades, para redução da criminalidade;
22. Eliminação de todo e qualquer privilégio obtido por razões de cunho político, étnico, social e funcional;
23. Eliminação de todos e quaisquer Direitos Adquiridos em função dos privilégios criados pelas ações do item 22;
24. Reforma geral da Consolidação das Leis do Trabalho - CLT: adotar padrão semelhante aos dos países desenvolvidos;
25. Redução do número estratosférico de Sindicatos: hoje existem 17 mil;
26. Eliminação de todo sistema de imunidade parlamentar e jurídica.

Utopia? Metas complexas, explicadas de forma simplista e impossíveis de serem implementadas devido a nossa formação cultural? Racionalista e dura demais para os nossos padrões genéticos? Acreditamos que a implantação destas medidas de uma só "tacada" poderia levar o país a um colapso total, tal qual quando de um drogado lhe são retiradas todas as substâncias psicotrópicas das quais ele é dependente. Se não morrer de colapso nervoso, provavelmente sofrerá dores lancinantes e excruciantes quase impossíveis de serem suportadas. A dosagem maciça de uma medicação para um doente terminal também pode determinar a sua morte.

O país está vivendo um dos piores momentos econômicos da sua história e há uma falta absoluta de credibilidade da população nos mecanismos legais, políticos e administrativos disponíveis. Para se conseguir implantar as reformas aqui sugeridas, de uma só vez, seria possível somente através de um Estado de Exceção com o uso de força militar apoiando um regime ditatorial. Isto seria o pior cenário que se poderia desenhar para modificar um país, imaginável. Somente seria possível com a implantação do Comunismo, como aconteceu de fato na União Soviética e China, onde foi decretada a pena de morte de mais de 100 milhões de seres humanos. Entre execuções sumárias e mortes por encarceramento e fome devido às políticas agrícolas equivocadas.

Acreditamos também, quase certamente, que seria necessário fomentar aqui uma revolução civil de proporções épicas para se implantar tantas reformas cruciais de base. Elas deixariam a pequena parcela dominante da população furiosa e disposta a qualquer sacrifício para manutenção dos seus privilégios seculares, grandes o suficiente para quebrar literalmente o país. Esta menor parcela da população compõe o Estado de **Corporativismo Colonialista.** Mesmo correndo o risco de exagerar na precisão das nossas estatísticas, diríamos que ela representa algo em torno de 10% da população atual, ou 21 milhões de brasileiros.

Todos ricos e abastados funcionários públicos, políticos, servidores militares da ativa e aposentados? Claro que não! Encontraremos nesta massa de inconformados pelas reformas de base cidadãos de 3ª, 4ª e 5ª categoria usados como massa de manobra pelos controladores do poder. Incluindo aí os sindicatos - somente as federações de indústrias reúnem mais de 1.250 sindicatos e 700 mil empresas industriais de todas as unidades federativas do país - que somam 17 mil tipos no Brasil e representam 91% de todos os sindicatos do mundo. O Movimento dos Sem Terra e os seus derivativos possuem 400.000 famílias assentadas e 120.000 em acampamentos por todo o país. Temos que levar em conta, neste percentual de insatisfeitos, a ala da esquerda brasileira que continua com o plano de subverter o estado democrático e liberal que vivemos hoje.

Como não acreditamos em uma revolução civil no atual estágio cultural do brasileiro, para resolver os problemas estruturais de base, teremos que caminhar passo-a-passo. Iniciar pela melhoria da educação de base é o melhor remédio para cuidar deste país enfermo... O restante virá por consequência.

14. EXISTEM SOLUÇÕES PARA ESTE PARADIGMA?

Somos, antes de tudo, otimistas por natureza! Não fosse por esta característica, a população humana decairia e não estaria aumentando como vem acontecendo ao longo de milhares de anos da história humana. As informações que a humanidade detém vêm sendo incorporadas à nossa história em papiro, tábuas de argila, inscrições em pedra e dezenas de outras formas de registrar os fatos relativos à existência da espécie humana neste planeta. O brasileiro talvez, entre todos os povos do planeta Terra, seja um dos mais agraciados por esta qualidade: o otimismo. Nada parece tirá-lo da sua costumeira alegria e bom humor, mesmo em horas de desespero extremo. Esperamos "a bomba da notícia ruim explodir" para dali a alguns instantes soltar uma piada reproduzindo a desgraça alheia da forma mais cômica possível. Conseguimos rir das nossas piores situações e isto, em grande parte, torna-se uma qualidade para prosseguir em frente e atropelar o azar de termos sido colonizados como fomos. De forma descontrolada e sem objetivos concretos para a formação de uma nação. Não é nada pessoal contra o povo português. De forma alguma!

Não se trata mais de ficarmos "eternamente deitados em berço esplêndido", reclamando da eterna "burrice" portuguesa em não ter vislumbrado o enorme potencial deste país. E porque não criaram uma forte nação desde o seu descobrimento! Aliás, "burrice" esta que na realidade não é uma verdadeiramente "falta de inteligência" dos nossos patrícios. Eles são um povo inteligente como os demais o são. O que existe de fato é um simples desvio no entendimento da língua pátria que compartilhamos. Algumas palavras e expressões realmente adquiriram sentidos bastante diferentes entre o uso que fazemos e o que os portugueses adotam, apesar de parecerem idênticas. Acorre, em função desta aparente igualdade semântica, uma falta de entendimento básico, em algumas situações, entre brasileiros e portugueses. Por estas razões acabamos os considerando meio "cabeçudos", e eles, da mesma forma, também assim nos consideram. Por exemplo, quando chegamos a Portugal, Lisboa, e perguntamos em um hotel aonde recém chegamos se há quartos, a resposta do atendente português será: "- Temos!" Então você, com toda a sua família, cansado da longa viagem, doido para tomar um bom banho e descansar, pede o tal quarto, ouve do recepcionista português: "- Temos, mas estão todos ocupados!" Daí você conta até 10 para não perder a paciência e mandar o "portuga" para aquele lugar.

Então como poderemos utilizar todo o nosso otimismo e bom humor tropicalista, herdado provavelmente por posicionamento geográfico, para superar as nossas agruras do momento? Não é possível convivermos com os mesmos problemas pelos quais estamos sofrendo há 5 centenas de anos e nada fazermos! Temos que começar imediatamente a elaborar uma autocrítica como povo e ver que é possível, sim, viver melhor para criar uma nação forte, rica e menos injusta. Que seja somente para os nossos filhos, netos e demais gerações vindouras. Se até hoje não acertamos o passo para ser uma nação rica e progressista, não quer dizer que não haja solução ou conserto para este estado de coisas. Apesar de todos os fatores culturais negativos temos muito potencial positivo para ser uma grande nação.

Mesmo que hoje em dia não haja uma só família brasileira, representante das classes A, B, C e D, que não tenha pelo menos um familiar morando fora do Brasil, não quer dizer que chegamos ao fim da linha. Estes indivíduos arrojados estão buscando uma vida mais produtiva e segura em outras partes do mundo. Se esta evasão de pessoas para o estrangeiro continuar no ritmo em que vem ocorrendo, ficaremos com um déficit populacional de trabalhadores competentes, dispostos a vencer na vida mesmo em condições adversas de língua e cultura. Não é porque achamos que se esvaíram as nossas esperanças mais básicas de construir um futuro melhor para nós e nossos filhos que devemos nos abater. Esqueceram que temos o otimismo como uma forte característica comportamental?

Entretanto precisamos mudar a direção do nosso foco imediatamente para que uma nova pátria, forte e justa se torne realizável! Não podemos mais esperar por ações salvadoras de outros países com estruturas sociais estranhas à nossa natureza. Não podemos continuar a nos aliar com o que há de pior no mundo em termos de ideologia política e econômica. Esta nossa queda pelo socialismo tem-nos feito continuar a evitar acordos comerciais com os principais motores do mundo rico: Estados Unidos, Canadá, Europa Ocidental e Japão. É óbvio que não podemos parar de comercializar com a gigantesca China só porque é comunista, mas sim aumentar a nossa balança comercial com ela. Precisamos urgentemente educar a nossa população de 50 milhões de analfabetos (os de fato e os funcionais) para que possamos ter uma grande força de trabalho competitiva. Para que ela seja bem-educada e agradecida para com a pátria que lhe acolheu, independente de que região do Brasil more ou do país de origem que ela veio.

Temos de abrir as nossas fronteiras sim, mas para indivíduos com suas famílias que queiram trabalhar honestamente para somar à nossa força de trabalho com suor e competência. Não podemos ser apenas destino de povos vizinhos oprimidos por governos ditatoriais e sem opção de trabalho. Vamos deixar a tarefa de recolher refugiados políticos para as nações do mundo que já são ricas e podem se preocupar em minorar a miséria mundial. Precisamos cuidar principalmente das nossas crianças, desde tenra idade, porque é aí que está a nossa maior riqueza: no seu povo e no que ele aprende a fazer de produtivo.

Não há necessidade de se universalizar o ensino superior, gratuito, para todas as camadas carentes da população como se fosse um mantra religioso a ser seguido. Está-se criando desta maneira milhões de "doutores" mal formados, que dificilmente exercerão as suas profissões adequadamente. O melhor a se fazer é formar bem os indivíduos na melhor fase da vida humana para isto. Vamos investir na primeira infância e na adolescência porque o resto virá por consequência. Distribua a renda nacional de forma menos injusta, mais equânime. Valorize a profissão do "lixeiro" e faça com que ele seja remunerado com ⅕ do salário que recebe um médico e se verá uma verdadeira evasão humana das universidades!

Vamos promover os ensinos fundamental e médio como prioridades do nosso planejamento educacional e desvinculá-los totalmente da política partidária. Os profissionais mais talentosos das áreas de educação e ensino, áreas estas que hoje não despertam a atenção do jovem profissional promissor, serão atraídos pelos maiores salários que poderão ser pagos por meio deste planejamento educacional. Que seja uma grande honra e tenha as melhores compensações financeiras ser professor das nossas crianças e adolescentes! É neste potencial humano, nesta riqueza sem igual, que todas as nações desenvolvidas e ricas do mundo investiram muito. E continuam a investir pesado para se manterem no "topo da cadeia alimentar". Por que deveria ser diferente conosco? Vamos proteger as nossas crianças e jovens das drogas e da criminalidade, fáceis de serem assimiladas nesta fase da vida humana. E, mais importante ainda, vamos protegê-las contra o obscurantismo da ignorância do conhecimento da história humana, das pseudociências, da ideologia comunista, da religiosidade fanática. Quando adulto, um indivíduo bem formado em termos culturais desde a infância se sentirá à vontade para aderir a qualquer culto religioso, porque possui conhecimentos suficientes para ajudá-lo a discernir o que é bom para ele.

Vamos privatizar totalmente o ensino superior para torná-lo melhor, mais adequado à realidade profissional atual e mais competitivo por exclusivo critério de meritocracia. Até porque 60% dos alunos das universidades federais e estaduais do Brasil, que são gratuitas, fazem parte da população mais rica do país e possuem plena condição de bancar os próprios estudos.

Negros, índios, pardos, mestiços e brancos, independentemente da raça a que pertençam, desde que comprovadamente competentes e merecedores de bolsas de estudos parciais ou totais, poderão cursar as melhores universidades do país: todas particulares!

Vejam novamente o que o estudo do Banco Mundial, de 2017, apresentou como análise dos seus levantamentos no tocante ao ensino em universidades brasileiras: "*Em média, um estudante em universidades públicas no Brasil custa de duas a três vezes mais que estudantes em universidades privadas.*" E continua apresentando mais dados acachapantes: "*Estudantes de famílias mais ricas têm acesso a ensino superior gratuito, o que aumentará sua renda futura. Portanto, o ensino superior gratuito pode estar perpetuando a desigualdade no país.*" http://documents.worldbank.org/curated/en/884871511196609355/pdf/121480-REVISED-PORTUGUESE-Brazil-Public-Expenditure-Review-Overview-Portuguese-Final-revised.pdf

Não enxergamos nenhuma outra solução para o Brasil que não seja a de longo prazo. A educação se insere nesse rol e, reafirmamos, deve ser tratada como prioritária. Portanto, tem que ser adotada agora para começar a dar frutos daqui a 10 anos. Em 30 anos poderemos ser uma das nações mais poderosas do planeta! Não mais coronéis nordestinos escravizando gente simples e humilde do interior. Mantendo-os sem água, sem alimentos para, assim, se perpetuarem no poder de um sistema econômico escravizante e perverso. Não mais políticos extremamente corruptos, focados unicamente no aumento dos seus patrimônios pessoais e nas suas reeleições. Este tipo abjeto de políticos está aninhado em dezenas de partidos políticos destinados a criar mecanismos para "mamar" das verbas geradas do dinheiro do contribuinte. Já dissemos anteriormente, mas vale a pena repetir diante do absurdo da situação: - atualmente o sistema político brasileiro permite a existência de 35 diferentes partidos políticos e existem outros 60 com pedidos para serem homologados e aprovados.

Já fizemos duas menções ao importante estudo analítico que o Banco Mundial, contratado pelo governo federal, fez em 2017 sobre a situação do Brasil no tocante ao ensino superior das universidades. Entretanto ele é uma radiografia geral da situação do Brasil em todos os setores e segmentos da economia do país. Recomendamos a sua leitura na íntegra por se tratar de uma análise técnica desvinculada de partidos políticos e grupos oligárquicos financeiros que dominam as nossas vidas de uma forma ampla e inescapável. Por estas razões o recomendamos de forma tão enfática. Para quem não é afeito a leituras extensas e demoradas, transcrevemos a seguir as principais conclusões a que se chegaram com este amplo, profundo e importante trabalho. Tais análises tiveram a participação de centenas de profissionais altamente competentes do Brasil e estrangeiros, em suas respectivas áreas de atuação.

1. O Governo Brasileiro gasta mais do que pode e, além disso, gasta mal.

Esta é a principal conclusão deste estudo, que analisa as raízes dos problemas fiscais recorrentes do Brasil e apresenta opções para sua solução.

2. Ao longo das duas últimas décadas, o Brasil observou um consistente aumento dos gastos públicos, o que agora coloca em risco a sustentabilidade fiscal.

Nos últimos anos, o impacto do aumento constante dos gastos foi agravado pela queda das receitas resultante de uma profunda recessão e pelo crescimento dos gastos tributários. Essa combinação resultou em déficits fiscais anuais superiores a 8% do PIB em 2015-2016 e um aumento da dívida pública de 51,5% do PIB em 2012 para mais de 73% do PIB em 2017. O ajuste fiscal necessário para estabilizar a dívida pública no médio prazo é grande - cerca de 5% do PIB no resultado primário. Se o Brasil não conseguir reverter essa tendência, os resultados serão a perda de confiança dos investidores (nacionais e internacionais), a desvalorização da taxa de câmbio e o aumento da inflação, o que levaria o país de volta aos tempos críticos dos anos 1980 e início dos anos 1990. Além da estabilização fiscal, o Brasil precisa criar espaço fiscal adicional para aumentar o investimento em infraestrutura. O gasto público não é somente maior do que o Brasil pode pagar, mas também contribui pouco para apoiar o crescimento, já que o investimento público foi quase completamente anulado nos últimos anos;

3. O limite constitucional de gastos ("teto de gastos") adotado em dezembro de 2016 introduziu uma trajetória de ajuste gradual para os gastos públicos ao longo dos próximos dez anos.

Sua implementação exige a redução dos gastos em cerca de 0,6% do PIB ao ano em relação à tendência atual durante a próxima década. Isso corresponde a um corte cumulativo de quase 25% nas despesas primárias federais (em proporção do PIB), o que reduziria o orçamento federal (também proporcionalmente ao PIB) aos níveis do princípio da década de 2000. A identificação dessas oportunidades de economia será um grande desafio, pois a rigidez orçamentária, os amplos gastos obrigatórios e os cortes orçamentários dos últimos anos já reduziram significativamente as despesas discricionárias. Em outras palavras, o "teto" somente poderá ser respeitado por meio de um rigoroso exercício de priorização.

4. *Este estudo tenta demonstrar como tal priorização pode ser realizada de forma a proteger os mais pobres e vulneráveis e minimizar os impactos negativos sobre os empregos e a prestação de serviços públicos.*

Para tal, o estudo faz uma análise profunda dos programas existentes e das alocações de despesas e identifica as reformas que tornariam os gastos públicos mais eficazes, eficientes e equitativos.

5. *A princípio, a redução dos gastos não é a única estratégia para restaurar o equilíbrio fiscal, mas é uma condição necessária.*

A outra alternativa seria, em vez de cortar seus gastos, o governo Brasileiro deveria aumentar suas receitas tributárias e reduzir os altos pagamentos de juros sobre sua dívida pública. Certamente, há escopo para aumentar a tributação dos grupos de alta renda (por exemplo, por meio de impostos sobre a renda, patrimônio ou ganhos de capital) e reduzir a dependência dos tributos indiretos, que sobrecarregam os mais pobres. Ganhos adicionais no equilíbrio fiscal poderiam ser obtidos por meio da redução das operações quase-fiscais realizadas por bancos públicos e da identificação de uma solução para os altos custos da gestão da dívida pública e das reservas internacionais. Tais medidas não são discutidas em detalhe neste relatório, mas deveriam fazer parte da estratégia de ajuste fiscal;

6. A fonte mais importante de economia fiscal de longo prazo é a reforma previdenciária.

Os grandes e crescentes déficits do sistema previdenciário constituem um fator-chave da pressão fiscal. É essencial ajustar o sistema previdenciário à realidade de rápida mudança demográfica e alinhá-lo a padrões internacionais. Além disso, o sistema previdenciário atual é injusto, pois 35% dos subsídios previdenciários (ou seja, o desequilíbrio entre contribuições e benefícios do sistema previdenciário) beneficiam os 20% mais ricos, ao passo que somente 18% dos subsídios beneficiam os 40% mais pobres da população. A aprovação da proposta de reforma em tramitação no Congresso seria um passo importante na direção de corrigir esse desequilíbrio. As projeções do Banco Mundial indicam que a reforma negociada no Congresso em maio de 2017 reduziria pela metade o déficit projetado do Regime Geral de Previdência Social (RGPS, a previdência dos trabalhadores do setor privado) ao longo das próximas décadas – de 16% para 7,5% do PIB até 2067. Nos próximos dez anos, a reforma traria aproximadamente um terço da economia fiscal exigida pelo "teto de gastos" (atingindo 1.8% do PIB em 2026). A reforma é socialmente justa, pois reduziria principalmente os subsídios concedidos a trabalhadores que recebem acima de três salários mínimos.

7. Serão necessárias medidas adicionais para tornar o sistema previdenciário mais equitativo e sustentável financeiramente.

Mesmo com a reforma, estima-se que grandes déficits previdenciários continuarão a existir. Ademais, a proposta não aborda suficientemente o déficit do Regime Próprio de Previdência Social (RPPS, a previdência dos servidores públicos federais), que resulta de benefícios extremamente generosos – e altamente injustos – concedidos a servidores públicos contratados antes de 2003. Da mesma maneira, a reforma não resolve os déficits dos RPPSs subnacionais, que devem subir drasticamente ao longo dos próximos 5 ou 10 anos, à medida que muitos servidores públicos contratados antes de 2003 se aposentarem, pondo em risco a solvência fiscal de muitos estados. Portanto, serão necessárias medidas adicionais para alinhar os benefícios do RGPS e do RPPS aos níveis das contribuições.

8. Para solucionar o déficit remanescente do RGPS, as seguintes medidas deveriam ser consideradas:

- Reduzir ainda mais as taxas de reposição, pois mesmo com a adoção da reforma atual, as taxas de reposição ainda serão altas para padrões internacionais. A redução da taxa de reposição em 20 pontos percentuais adicionais reduziria o déficit do RGPS em 1,8% do PIB no médio prazo;

- Desvincular o valor mínimo de aposentadoria do salário mínimo (e corrigi-la somente pelos aumentos do custo de vida) teria o impacto mais significativo na redução do déficit fiscal do que todas as medidas de políticas públicas. Manter a aposentadoria mínima constante em termos reais, geraria uma redução adicional no déficit do RGPS

(urbano e rural) de até 0.5% do PIB em 2026 e chegando até 2.3% em 2067.

9. Os déficits do RPPS e a iniquidade do sistema previdenciário como um todo poderiam ser solucionados por meio da remoção dos privilégios concedidos aos servidores públicos contratados antes de 2003.

Atualmente, tais servidores têm direito de um pacote previdenciário extremamente generoso, cujo valor é bem acima do que suas contribuições. O resultado é que, enquanto o RPPS pós-2003 irá se equilibrar no futuro, no curto prazo existe um grande déficit gerado pelo sistema pré-2003. Tal déficit pesará sobre os pagadores de impostos pelas próximas duas décadas. Em 2015 o custo estimado para os contribuintes foi de 1,2% do PIB no nível federal e mais 0,8% do PIB no nível subnacional. Como em sua maioria os servidores públicos pertencem ao grupo dos 40% mais ricos da população, seus benefícios previdenciários exigem uma enorme transferência dos contribuintes atuais, que na maioria é bem mais pobre que os beneficiados. Além disso, os benefícios pré-2003 também são uma generosa transferência das gerações mais jovens às mais velhas. Em outras palavras, há uma injustiça social inerente ao conceito de direitos adquiridos. Considerando a profundidade dos problemas fiscais brasileiros e a enormidade de seus déficits previdenciários atuais e previstos para o futuro, todas as gerações deveriam contribuir para o ajuste necessário. Isso poderia ser realizado, por exemplo, por meio da tributação dos rendimentos previdenciários dos atuais aposentados e pensionistas de alta renda

10. *Uma reforma adicional a ser considerada seria o reconhecimento de que as aposentadorias rurais do RGPS e o BPC são, de fato, programas sociais. Portanto, a reforma deveria considerá-los como tal.*

Ambos esses sistemas previdenciários são, de facto, não contributivos, e seu objetivo é evitar que idosos caiam na pobreza. No entanto, diferentemente do programa Bolsa Família, que é bem direcionado aos mais pobres, as aposentadorias e pensões sociais não são bem focadas aos indivíduos pobres. Na verdade, 70% dos beneficiários do BPC e 76% dos beneficiários das aposentadorias rurais não pertencem ao grupo dos 40% mais pobres da população. Ademais, o nível dos benefícios concedidos por esses programas é muito mais alto que o de outros programas de assistência social – o benefício máximo concedido pelo Bolsa Família é cerca de um terço do que é concedido pelo BPC e pelas aposentadorias rurais. Uma reforma para consolidar as aposentadorias sociais com outros programas de assistência social (alinhando o foco e o nível dos benefícios, conforme proposto abaixo) poderia gerar economias significativas por meio de um melhor direcionamento e, potencialmente, liberar recursos para necessidades sociais urgentes, tais como o acesso a saneamento básico, educação infantil e assistência aos idosos.

11. *A massa salarial do funcionalismo público pode ser reduzida significativamente.*

Embora o funcionalismo público brasileiro não seja grande para padrões internacionais, o nível dos salários dos servidores públicos federais é, em média, 67% superior aos do setor privado, mesmo após levar em consideração o nível de educação e outras características dos trabalhadores como idade e experiência. Este prêmio salarial do setor público é atípico em relação a padrões internacionais. A remuneração dos servidores estaduais também é muito alta e, na média, é mais de 30% superior àquela oferecida a trabalhadores equivalentes no setor privado. Em termos relativos, o hiato salarial aparenta ser particularmente amplo nos poderes Judiciário e Legislativo, bem como nas ocupações de menor qualificação do Executivo

12. *A redução dos prêmios salariais excepcionalmente altos dos servidores públicos também seria desejável de um ponto de vista de equidade.*

A grande maioria (83%) dos servidores públicos federais integram o quintil mais rico da população. Estimativas sugerem que a redução pela metade do prêmio salarial em relação ao setor privado geraria uma economia equivalente a 0,9% do PIB. Isso sugere a necessidade de um estudo aprofundado para comparar as remunerações dos setores público e privado. No entanto, os dados disponíveis já são suficientes para recomendar a suspensão de reajustes nas remunerações do funcionalismo no curto prazo, enquanto se desenvolvem estudos mais detalhados sobre o valor adequado de remuneração das diversas carreiras públicas.

13. *A melhora dos métodos de aquisições públicas de bens e serviços geraria economias em todos os níveis de governo*

Licitações públicas são um passo crítico na provisão de serviços públicos para a população, seja na saúde, educação, infraestrutura, etc. Uma análise das licitações públicas realizadas pelo Governo Federal durante os três anos de 2012-2014, cobrindo cerca de R$ 155 bilhões (ou 5% orçamento federal, em média) indica que o Governo Federal pode economizar entre R$ 24 bilhões e R$ 35 bilhões em três anos (ou um valor *entre 0.15% e 0.20% do PIB anualmente; aproximadamente 1% do orçamento federal) via a introdução de estratégias customizadas para licitações públicas. O limite inferior (de R$ 24 bilhões) considera um cenário conservador baseado no desenvolvimento de estratégias melhores de compra para obter economias de escala, maior competitividade, diversificação de ofertantes, minimizar o efeito da sazonalidade dos preços, entre outras estratégias que podem ser implementadas durante a fase de compras.*

14. *As despesas com políticas de apoio às empresas cresceram rapidamente, atingindo 4,5% do PIB em 2015; porém, não há evidências de que os programas existentes tenham sido eficazes e eficientes em seu objetivo de impulsionar a produtividade e a geração sustentável de empregos.*

Pelo contrário, tais programas provavelmente tiveram consequências negativas para a concorrência e a produtividade no Brasil. Muitas das despesas não fazem parte do orçamento, pois derivam de isenções tributárias e do fornecimento de crédito subsidiado por meio de bancos públicos. Seria crucial fazer avaliações robustas desses programas para informar o debate público e a reformulação das políticas. Análises preliminares indicam que talvez seja possível economizar (ou realocar) até 2% do PIB do orçamento federal ao longo da próxima década por meio da eliminação (ou reformulação) dos programas menos eficientes.

15. *Os programas de proteção social e emprego também se beneficiariam de reformas que introduzissem incentivos mais bem alinhados e mantivessem o foco nos grupos populacionais mais vulneráveis.*

O sistema brasileiro de proteção social engloba a gama quase total dos programas oferecidos em países de alta renda para ajudar as famílias a lidar com riscos ao longo do ciclo de vida. Entretanto, nossa análise concluiu que resultados semelhantes ou até melhores poderiam ser atingidos com menos gastos: muitos programas com funções semelhantes são implementados isoladamente, o que resulta em milhões de famílias aptas a receberem múltiplos benefícios. Uma melhor coordenação das políticas e uma maior integração das funções de gestão e prestação de serviços poderiam reduzir as sobreposições, economizar recursos e realinhar os incentivos para aumentar a produtividade da força de trabalho. O estudo recomenda a reformulação de todos os programas sociais em três partes complementares, o que geraria uma economia de até 1,3% do PIB ao longo da próxima década:

16. As despesas públicas com ensino fundamental e médio apresentam ineficiências significativas, e o mesmo nível de serviços poderia ser prestado gastando 1% a menos do PIB em nível local.

Uma análise de eficiência intermunicipal demonstra que o desempenho atual dos serviços de educação poderia ser mantido com 37% menos recursos no Ensino Fundamental e 47% menos recursos no Ensino Médio. Isso corresponde a uma economia de aproximadamente 1% do PIB. As baixas razões aluno/professor representam a principal causa de ineficiência (39% da ineficiência total). O aumento do número de alunos por professor em 33% no Ensino Fundamental e 41% no Ensino Médio economizaria R$ 22 bilhões (0,3% do PIB) por ano. Isso poderia ser realizado simplesmente ao permitir o declínio natural do número de professores, sem substituir todos os profissionais que se aposentarem no futuro, até se atingir a razão eficiente aluno/professor. Outras melhorias *poderiam ser obtidas por meio da redução do absenteísmo dos professores e do aumento do tempo empregado para atividades de ensino.*

17. A vinculação constitucional dos gastos em educação a 25 por cento das receitas dos municípios pode ser uma das principais causas da ineficiência dos gastos.

Municípios mais ricos, com uma alta taxa de receita corrente líquida por aluno, tendem a ser bem menos eficientes que municípios mais pobres. Logo, é provável que para cumprir as regras constitucionais, muitos municípios ricos sejam obrigados a gastar em itens que não necessariamente ampliem o aprendizado. Isso é ainda mais preocupante dada a drástica transição demográfica pela qual o país está passando. Com a rápida queda da taxa de fertilidade para menos de 1.8, o número de alunos vem caindo rapidamente em muitos municípios, principalmente no Ensino Fundamental. Se este gasto adicional por aluno não resulta em maior aprendizado, isso explicaria a maior ineficiência de municípios mais ricos.

18. As despesas com ensino superior são, ao mesmo tempo, ineficientes e regressivas. Uma reforma do sistema poderia economizar 0,5% do PIB do orçamento federal.

O Governo Federal gasta aproximadamente 0,7% do PIB com universidades federais. A análise de eficiência indica que aproximadamente um quarto desse dinheiro é desperdiçada. Isso também se reflete no fato que os níveis de gastos por aluno nas universidades públicas são de duas a cinco vezes maior que o gasto por aluno em universidade privadas. A limitação do financiamento a cada universidade com base no número de estudantes geraria uma economia de aproximadamente 0,3% do PIB. Além disso, embora os estudantes de universidades federais não paguem por sua educação, mais de 65% deles pertencem aos 40% mais ricos da população. Portanto, as despesas com universidades federais equivalem a um subsídio regressivo à parcela mais rica da população brasileira. Uma vez que diplomas universitários geram altos retornos pessoais (em termos de salários mais altos), a maioria dos países cobra pelo ensino fornecido em universidades públicas e oferece empréstimos públicos que podem ser pagos com os salários futuros dos estudantes. O Brasil já fornece esse tipo de financiamento para que estudantes possam frequentar universidades particulares no âmbito do programa FIES. Não existe um motivo claro que impeça a adoção do mesmo modelo para as universidades públicas. A extensão do FIES às universidades federais poderia ser combinada ao fornecimento de bolsas de estudo gratuitas a estudantes dos 40% mais pobres da população (atualmente, 20% de todos os estudantes das universidades federais e 16% de todos os estudantes universitários no país), por meio da expansão do programa PROUNI. Todas essas reformas juntamente melhorariam a equidade e economizariam pelo menos 0,5% do PIB do orçamento federal.

19. No sector da saúde, cerca de 0,3% do PIB poderia ser economizado através de melhorias de eficiência a nível local, mantendo o mesmo nível de serviços de saúde, e mais 0,3% com o fim dos créditos tributários do IRPF para despesas privadas com saúde.

Ao comparar os níveis de eficiência dos municípios, a análise deste estudo identifica possíveis ganhos de eficiência de 37% no atendimento primário (uma economia potencial de R$ 9 bilhões) e 71% nos serviços secundários e terciários (uma economia adicional potencial *de R$ 12 bilhões). Em total, isso poderia gerar uma economia potencial de 0,3% do PIB. A ineficiência resulta principalmente da fragmentação do sistema público de saúde, especialmente do alto número de pequenos hospitais, o que impede economias de escala na prestação de serviços*

20. Em síntese, com base em uma análise aprofundada de políticas setoriais, este estudo identifica pelo menos 7% do PIB em potenciais economias fiscais em nível federal até 2026.

Isso inclui 1,8% do PIB resultante da proposta de reforma previdenciária (negociada no Congresso em maio de 2017); 0,9% do PIB em reduções na massa salarial dos servidores públicos; 0,2% do PIB em ganhos de eficiência em aquisições públicas; 1,3% do PIB resultantes da racionalização dos programas de assistência social e de apoio ao mercado do trabalho; 2% do PIB em reduções nos créditos subsidiados e nos gastos tributários de apoio às empresas; 0,3% do PIB por meio da eliminação de créditos tributários para a saúde; 0,5% do PIB em reformas no financiamento do ensino superior; além de 1,3% do PIB resultante de reformas para melhorar a eficiência nos setores de saúde e educação (embora essa economia beneficie os governos subnacionais).

21. As economias identificadas neste estudo exigirão alterações das atuais regras e rigidezes orçamentárias.

As reformas descritas neste relatório supõem que tais regras e arranjos institucionais possam ser alterados. Na verdade, a menos que tais mudanças ocorram, o Brasil não conseguirá observar o teto de gastos e superar os riscos associados à incipiente recuperação atual, retornando, ao invés disso, a uma crise fiscal e macroeconômica.

22. Por fim, além do atual ajuste fiscal, a melhoria da qualidade das despesas públicas exige a institucionalização de um sistema regular e rigoroso de monitoramento e avaliação das políticas públicas. "

O monitoramento deve manter seu foco nos resultados e vincular tais resultados aos insumos orçamentários. A avaliação pode fornecer dados para subsidiar a escolha das soluções mais eficazes para que as políticas públicas atinjam seus objetivos e, assim, orientar as decisões sobre quais programas devem ser suspensos, mantidos ou expandidos. A avaliação da eficiência de gastos não pode ser um exercício único, mas deve se tornar um processo institucionalizado que oriente a formulação de políticas públicas. Muitos países adotaram um arcabouço institucional que permite a triagem ex ante de novas propostas de programas, bem como o monitoramento e avaliação regulares dos programas existentes. "

Após a leitura do resumo destas 22 conclusões, acerca da "Análise da Eficiência e Equidade do Gasto Público no Brasil", denota-se claramente que o que temos falado insistentemente ao longo deste livro está intimamente ligado com as mazelas e privilégios criados pelo **Corporativismo Colonialista**. Não existe outra saída para nós senão o tratamento com a completa extirpação, do tecido social, deste câncer virulento e potente, capaz de matar um doente em poucos dias. No caso do Brasil temos alguns poucos anos de sobrevida, se iniciar imediatamente o tratamento!

15. COMO FUNCIONA A CORRUPÇÃO EM OUTROS PAÍSES?

Pelo que temos notícias do mundo, a corrupção é um problema geral e recorrente em todos os países na atualidade. Uns com mais, outros com menos, refletindo muito bem o que o ser humano é capaz de construir para o seu próprio benefício em detrimento do seu semelhante. Ser honesto parece-nos não ser uma característica natural do Homo Sapiens. É, portanto, indispensável ensinar a ele os seus princípios básicos desde tenra idade nas escolas. Necessário também, cumulativamente, adotar dispositivos sociais capazes de inibir ações contra o desvio de conduta, seja através da punição física, financeira e até mesmo a privação da liberdade de quem não a respeita. Ainda assim, mesmo transmitindo uma pesada carga de ensinamentos de atitudes honestas e éticas a um determinado indivíduo, parece não surtir efeito algum quando a "semente interior" não é boa.

Exemplos das vidas de mestres espirituais do passado, que pregaram a bondade e a honestidade para com o semelhante, não são o bastante para "tipos" de personalidade rota. Nem tão pouco ameaças de punições com mutilações de membros do corpo humano, prisão perpétua e, como medida extrema, a supressão da vida do indivíduo em questão, são motivos suficientes para guiar alguém pelo "bom caminho". Aliás, no outro extremo, sem a menor possiblidade de "cura", existem mentes criminosas que são determinadas por genes hereditários específicos, já mapeados e estudados pela ciência criminal. Serão fatores biogenéticos, que estariam muito além das causas de origens socioeconômicas, agindo como gatilhos das ações incorretas e criminosas que um indivíduo pode cometer contra o seu semelhante? Portanto, há que se diferenciar a maldade natural, ou de origem genética, daquilo que é honestidade ou desonestidade gerada por condicionantes socioeconômicas e culturais. Estas são características do caráter humano bem distintas entre si.

Não vamos discutir a maldade natural do ser humano que, por si só, como tema, daria para escrever inúmeros tratados científicos e não se chegaria a uma conclusão definitiva a respeito da sua origem, intensidade e do tratamento necessário. Estamos aqui empenhados somente em tentar compreender a honestidade humana ou a sua falta quando gera a desonestidade, como consequência de fatores ambientais socioeconômicos e culturais. Estamos preocupados com a desonestidade, aquela que pode ser praticada por qualquer um de nós desde que haja condições de contorno favoráveis. Tais condições seriam, por exemplos, como o desejo irreprimível de ficar rico rapidamente, leis lenientes, tolerância excessiva para com criminosos e malfeitores, ambientes indutores para a prática do crime com o uso de drogas e disseminação da prostituição. Não estamos propondo uma longa discussão sobre as possíveis causas da criminalidade e desonestidade nas sociedades humanas como característica marcante do homem, substantivo comum de dois gêneros. Queremos apenas ponderar que a honestidade ou a desonestidade, quando não são características biológicas naturais do ser humano, podem ser realçadas e agravadas por condições ambientais socioeconômicas e culturais propícias à prática de um delito leve ou grave.

Colocada a questão desta maneira, o que se pode fazer para atuar positivamente na correção deste desvio de conduta na sociedade moderna? Acreditamos que esta seja uma tarefa árdua e que vem sendo trabalhada desde os primórdios das sociedades humanas. À medida que evoluímos socialmente adotamos métodos mais eficazes para identificar, tratar e/ou corrigir tais desvios de conduta. Ainda assim persiste a nossa dúvida: será desvio social ou é da natureza humana ser desonesto? E o ser humano só é honesto quando compelido a praticar esta "virtude" por força de códigos milenares do comportamento correto, ensinamentos espirituais e um bom Código Penal? Esta pode ser uma boa questão a ser discutida pelos entendidos e especialistas da área.

Uma das grandes semelhanças entre nós, homens modernos com um enorme conhecimento científico à nossa disposição na "palma da mão" e o homem de 2 mil anos atrás pode ser resumida da seguinte maneira: de lá para cá evoluímos um zero à esquerda em termos espirituais, ou seja, nada! Sabemos que surgiram até novos profetas, como o próprio Maomé e outros de menor estatura, mas não menos importantes em termos de ensinamento espiritual e da prática do bem. Ensinando a respeitar o próximo e a própria vida. Hoje temos o conhecimento com bases científicas, importantíssimo, de como a vida humana em geral se encontra interligada a outras espécies e de como dependemos da saúde do nosso planeta para viver. Estes conceitos, que já eram do conhecimento de antigas religiões, foram passados através de gerações por mestres ascencionados da estatura de Jesus, Buda e Mahavira.

Hoje, a nossa ciência, através da Física Quântica, por exemplo, vem confirmando estes conhecimentos milenares. Podemos concluir então, que temos embasamento científico para confirmar o que os Mestres espirituais do passado vêm nos falando insistentemente através de seus ensinamentos. A ciência de hoje, para se mostrar importante, concluiu que Deus pode ser uma mera ideia abstrata e que a vida é um mero acaso gerado por um acidente de percurso do Cosmos! Por questões óbvias de manutenção de foco deste livro, também não entraremos neste emaranhado de questões espirituais e filosóficas.

Voltemos então, depois de esforçar um pouco em explicar de forma generalíssima a questão da honestidade e desonestidade do ser humano, ao foco do nosso interesse. Queremos é discutir o quanto a corrupção está disseminada pelo mundo e quais são as nossas semelhanças e distanciamentos com este flagelo em relação a países que sofrem com ela tanto quanto ou mais do que nós. Fazendo as nossas pesquisas pela Internet descobrimos que foi criado por uma organização internacional o IPC, que mede o Índice de Percepção da Corrupção no setor público. Em seu último balanço do ano de 2018, foi analisado este Índice para 180 países e os resultados corroboram o que estamos tentando elucidar desde o início deste capítulo: a corrupção não é uma característica de um povo ou de uma determinada raça. Ela está diretamente relacionada com o peso do Estado na economia de um país e a liberdade de expressão da imprensa.

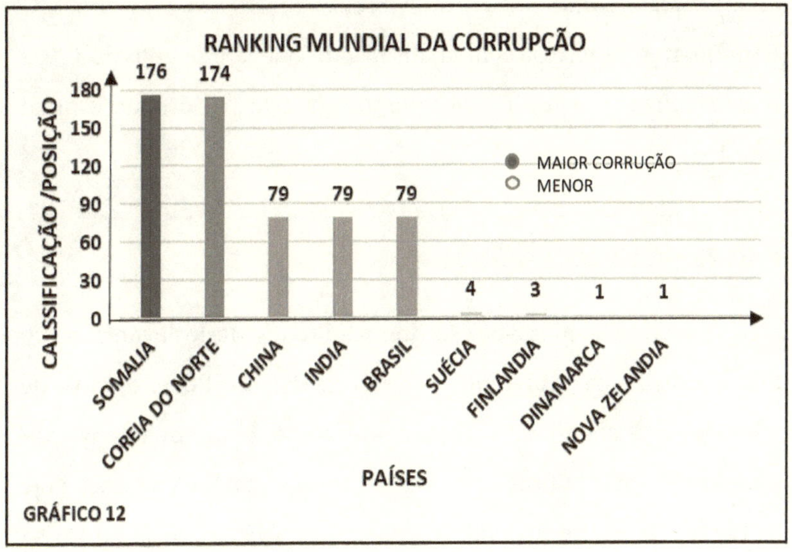

GRÁFICO 12

Para não ficar simplesmente repetindo o que foi encontrado, transcrevemos algumas conclusões importantes para uma compreensão geral do assunto: "*Com base em opiniões de especialistas, o Índice de Percepção da Corrupção (IPC) mede níveis de percepção de corrupção no setor público em todo mundo. O IPC usa uma escala de zero (altamente corrupto) a 100 (altamente íntegro). Dos 180 países avaliados pelo índice de 2018, mais de dois terços receberam uma nota abaixo de 50. Isso significa que mais de seis bilhões de pessoas vivem em países que são corruptos. No entanto, nenhum país tem uma nota perfeita. Muitos países que são menos corruptos ainda sofrem com tomadas de decisões pouco transparentes, abrigam finanças ilícitas ou toleram inconsistências na aplicação da lei. Quando a liberdade de expressão é limitada, é mais provável que a corrupção ocorra sem obstáculos. Mesmo hoje, a maioria dos países não faz o suficiente para proteger a mídia ou se engajar com a sociedade civil em um diálogo aberto - componentes críticos nos esforços para deter a corrupção."*

Para quem se interessar em analisar todo o levantamento do IPC e seus resultados segue o link que abriga este importante e atual estudo:

https://www.transparency.org/news/pressrelease/indice_de_percepcao_da_corrupcao_2018

Observamos através dos resultados deste levantamento que o Brasil está ocupando a região média do IPC e, diga-se de passagem, este Índice foi fortemente aumentado em relação aos anos anteriores em função da Operação Lava Jato. Ocupamos hoje o lugar 98º entre os 180 disponíveis e estudados. A nossa pontuação, que é de 35 em uma escala de 0 a 100, sendo 100 para países sem nenhuma corrupção envolvendo o governo local e 0 para os totalmente corruptos, era de 45 no período anterior à Lava Jato. Concluímos, por inferência direta, que uma imprensa direcionada para denegrir ou falar bem de um determinado governo pode ter influência na diminuição ou aumento desta Nota. Além disso, observa-se que não existe país sem corrupção com Nota 100. A maior Nota pertence à Nova Zelândia com 89. E tão pouco existe país com Nota 0: o mais corrupto é a Somália com Nota 10.

Quais aprendizados podem ser tirados deste estudo do Índice de Percepção da Corrupção? E como se aplicam nas engrenagens que tocam os governos de cada um desses países e do próprio Brasil? Quanto mais abertos são os governos, menor a sua presença na economia, quanto mais livre e menos tendenciosa for uma imprensa, melhores são as chances de um país ter um IPC com Nota maior. Estas são as situações ideais, mas nota-se que mesmo nos países com menor percepção de corrupção como Nova Zelândia, Suíça e Suécia, defrontando com os fatores humanos que começamos a discutir no início deste capítulo. Ou seja, a falta de uma honestidade natural ou a tendência a ser desonesto como uma característica inerente ao ser humano. O que nos parece ser um problema extremamente complexo e que precisaria de outras abordagens. Outras formas de estudo para caracterizá-lo, mapeá-lo, buscando melhores meios de saná-lo de forma mais eficaz.

Aqui no Brasil, enquanto a sociedade civil se ocupa demasiadamente em pôr a culpa na **Corrupção Endêmica** para responsabilizá-la pelo rombo do déficit público, se esquecem de olhar para os principais responsáveis pelo rombo fiscal das contas públicas: o **Corporativismo Colonialista**. Estamos em uma caminhada sem volta. Até o momento não há a mínima possibilidade de reversão da tendência de total inadimplência econômica do país, dado os valores absurdamente altos despendidos para manutenção da Máquina Estatal. A **Corrupção Endêmica** não deve ser encarada como um problema insolúvel, mas como um mal crônico que acomete a maioria dos países e deve ser combatida de todas as formas. Podemos, sim, diminuir a sua incidência começando por reduzir o tamanho do Estado que, não por coincidência, é onde reside o maior sumidouro do dinheiro público e da riqueza nacional. Seja através do aumento da dívida pública, com a rolagem da mesma para pagamento de uma folha de funcionários ativos e inativos, estratosfericamente alta.

Mais uma vez nos sentimos compelidos a relembrar do **Corporativismo Colonialista** que tomou conta do Brasil a partir da década de 60, iniciado provavelmente em meados da década de 50. Este período foi caracterizado pelo auge da Guerra fria entre as duas maiores potências do planeta. Uma Capitalista (EUA) e a outra Socialista (URSS). O socialismo, apesar da revolução de 1964 e do Regime militar terem abafado o movimento comunista de esquerda, tomado o poder a pedido dos políticos e da população civil da época, dominou completamente o Brasil e os países da América do Sul a partir da Guerra Fria. O Brasil, desde então, transmutou-se numa sociedade eminentemente socialista com a infiltração dessa ideologia nas universidades públicas, no meio artístico, na imprensa escrita e televisiva. Eles, os militares da revolução de 1964, não tiveram a percepção e sensibilidade para ver e entender o que estava sendo urdido através dos ensinamentos de Antônio Gramsci, o ideólogo moderado do comunismo, italiano de nascimento.

O **Corporativismo Colonialista** brasileiro se encaixou perfeitamente aos ideais do *Gramscismo*. Estado inchado, criação de uma Casta de Servidores Públicos, acima das leis aplicáveis aos cidadãos comuns e uma classe política blindada por poderes inimagináveis, a começar pela Imunidade Parlamentar. Aparentemente vivemos esta situação política há mais de 60 anos, interrompidos por força de um regime militar de direita que durou 20 anos consecutivos. Logo após a entrega pacífica do comando do país pelos militares, a esquerda voltou ao poder com toda a volúpia estatizante e governista, aprovando uma Constituição complexa e ideal para gerir regimes socialistas de esquerda. Isto possibilitou o surgimento de milhares de sindicatos, uma estrutura política facilmente corruptível e a dominação da inteligência da nação. Leia-se aqui: universidades federais, escolas públicas e imprensa.

Hoje podemos afirmar com a mais pura convicção, e lamentável constatação, após o trabalho de pesquisa empreendido, que estamos ladeados com os piores regimes ditatoriais da África e republiquetas "democráticas" da América Latina, no que concernem aos percentuais de gastos do dinheiro público para operar a máquina estatal. Já no quesito **Corrupção Endêmica** vimos que estamos em patamar intermediário no quadro de 180 países. Se isto não é bom título mundial a ser exibido, também não se trata das piores colocações do mundo. Estamos iguais a países mais desenvolvidos e podemos melhorar bastante se atacarmos a sua maior causa: o tamanho paquidérmico do Estado! Então, poderemos resolver a nossa insolvência financeira em franco crescimento com um único "porrete" dado na cabeça do **Corporativismo Colonialista**!

16. COMPARATIVO FINAL OBJETO DESTE ESTUDO

O que faremos agora é "espremer as laranjas até o bagaço" para fornecer a maior quantidade possível de suco de laranja. No nosso caso, o "suco" será a conclusão final do que nos propusemos ao iniciar este trabalho, para responder ao seguinte questionamento: **"Quem dá mais Prejuízo ao Brasil? A Corrupção Endêmica ou o Corporativismo Colonialista?"** Parece que já ficou bastante evidente esta resposta para quem leu o mínimo deste livro. Nós não temos e, desde que iniciamos esta empreitada, não tínhamos a menor dúvida de qual estrutura ou entidade é a mais dispendiosa e prejudicial ao nosso desenvolvimento como uma nação sadia. Sempre foi óbvio demais que a estrutura corporativa colonialista é quem mais prejuízo dá aos cofres do Brasil. Surpreendeu-nos foram os valores acachapantes que extrapolaram as nossas mais tenebrosas previsões para estimar o tamanho do rombo do déficit público. Pelos motivos que foram expostos exaustivamente aqui, e mesmo sabendo que existem diversos outros que não foram mencionados, querem nos fazer crer que a **Corrupção Endêmica** é a principal razão para sermos o que somos: um grande país, muito rico para muito poucos e paupérrimo para a grande maioria!

Somos ou formamos uma sociedade, aparentemente, composta de pessoas alegres e sociáveis, mas que no seu âmago é extremamente injusta, preconceituosa e hipócrita. Damos a aparência de sermos uma sociedade aberta e sem preconceitos raciais, mas nos fechamos fortemente para o cidadão estrangeiro. Esperamos que ele esteja de passagem rápida por aqui, mas que não se atreva a fazer sombra sob o nosso "sol". Suportamos o negro bem-sucedido financeiramente. Adoraríamos convidar o Pelé para a nossa mesa de jantar, mas talvez não toleraríamos o filho dele se casar com uma de nossas filhas brancas. Abolimos a possibilidade de aplicar a Pena de Morte na constituição de 1988 sem nunca, verdadeiramente, exigir que o poder público exerça esta função em defesa do cidadão de bem. Gostamos de denominar este Estado omisso de covarde, ao deixar por conta do crime organizado e do criminoso comum executar 60 mil brasileiros por ano. São os criminosos que aplicam a Pena de Morte por aqui, de forma oficiosa. Nenhum dos atuais países que praticam oficialmente a pena capital, como opção de livrar da sociedade elementos perigosos e indesejáveis, sem a menor possibilidade de reabilitação, executa nem ao menos 2% desse contingente.

Fizemos uma pesquisa expedita e constatamos que os 10 países que mais praticam oficialmente a Pena de Morte, se somadas as suas execuções, chega-se somente a 2,5% do nosso vergonhoso número anual de mortes por homicídio. Ainda bem que o Estado é contra o uso da arma de fogo por ela representar um perigo eminente nas mãos das crianças! Pacifistas de plantão ficam escandalizados ao ouvirem de um especialista em segurança pública recomendar que o Estado deva combater o criminoso violento com violência ainda maior. Eles se esquecem de que esta é uma das suas prerrogativas: manter a paz social através da força policial.

Quando Leonel Brizola foi governador de Estado do Rio de Janeiro, estabeleceu o célebre acordo com o crime organizado de: "a Polícia não sobe o morro, mas o bandido não desce para a cidade". Isto estabeleceu o início do caos da violência urbana no qual esta cidade se encontra atualmente. Principalmente no seio da sua população mais carente. Deixou nas mãos das Milícias e do Crime organizado a função que é do Estado: proteger a população! Quando o Estado age com máximo rigor contra a criminalidade e seus bandidos de plantão, ele não está sendo violento, mas tão somente cumprindo a sua obrigação constitucional de manter a Ordem e a Paz social.

As nossas opções de caminhos sociais seguidos nas últimas 4 décadas chegam a ser patéticas. Realizamos um Plebiscito, caro e polêmico, para saber se a sociedade era contra ou a favor do uso da arma de fogo. Quando a maioria optou pelo direito de ter a sua arma, veio o Estado e não respeitou a vontade da maioria, tornando proibitivo o uso da arma de fogo pelo cidadão de bem. Somente o criminoso, organizado em células de comando, e o exército podem ter acesso exclusivo às armas sofisticadas de alto poder destrutivo. Será que estamos fadados a escolher os descaminhos da liberdade, os atalhos para o subdesenvolvimento e os picos inalcançáveis da prosperidade como sociedade organizada?

Não estenderemos mais a nossa argumentação, favorável à Pena de Morte, pelo caminho do entendimento simplista, porque sabemos que existem muitos erros judiciais durante os processos criminais. Inocentes podem ser executados por erros de julgamento, intencionais ou não. E talvez seja esta a maior razão para que, cada vez mais, países evoluídos socialmente abulam a pena capital e adotem a prisão perpétua. Também não somos favoráveis aos erros e à maldade humana que permitem a execução de inocentes no lugar dos verdadeiros culpados. Isto é extremamente lamentável! Como também o é uma sociedade não tentar investir na recuperação dos seus jovens delinquentes, potencialmente recuperáveis, ao manter sistemas prisionais que são verdadeiras faculdades da criminalidade. Entretanto, erros de uma área não podem induzir a outros piores como conclusão equivocada, e deixar uma sociedade indefesa, refém de criminosos irrecuperáveis e eternamente recorrentes. Os exemplos clássicos da exclusão da Pena de Morte na nossa Constituição de 88 e do racismo disfarçado de discriminação social servem para demonstrar o quanto as nossas escolhas, como sociedade, estão longe de uma justiça mais igualitária e socialmente equilibrada.

Voltando ao foco da nossa questão central de "**Quem dá mais prejuízo ao Brasil?**", existe toda uma estrutura midiática disposta a disseminar a resposta equivocada. Seja tanto a imprensa escrita quanto os meios de comunicação televisivo e radiofônico teimam em culpar exclusivamente a corrupção como o grande vilão da nossa péssima situação econômica atual. Diga-se de passagem, jamais vista nos últimos 87 anos da história recente. Somente entre os anos de 1930 e 1931 se viu o PIB nacional recuar por dois anos consecutivos, como aconteceu em 2015 e 2016. Realmente, será que existe uma razão mais contundente para o acobertamento da principal causa do "caos financeiro" em que nos encontramos? Ninguém vai apontar o dedo para o real problema que são as gigantescas e impagáveis despesas governamentais? O que poderá acontecer ao próximo presidente brasileiro, caso seja o que afirma não ter "rabo preso" com ninguém, e resolva mexer na legislação da Previdência Especial dos funcionários públicos de altos ganhos, sejam eles civis ou militares? Poderá ser assassinado? Muito provavelmente!

O que acontecerá com os Bancos privados que ganham fábulas de dinheiro emprestando ao governo para pagar os seus déficits, rolar suas dívidas e tomar mais emprestado para cobrir gastos previdenciários impagáveis? Como ficarão os grandes conglomerados de empresas privadas na hora em que um governo politicamente independente, passar a cobrar o que eles realmente devem de impostos atrasados e encargos sociais não pagos? E quando "fechar as torneiras" dos empréstimos subsidiados a juros baixíssimos para os "Campeões Nacionais"? As pessoas mais bem informadas sabem que o governo federal é o principal vilão desta estrutura corrompida, quando taxa excessivamente as empresas privadas para manter a sua estrutura governamental cada vez maior e mais dispendiosa. Mas quem ou qual governo será capaz de cortar na "própria carne" e não "cair do cavalo" no dia seguinte por força de uma revolução civil e/ou militar comandada pela casta do **Corporativismo Colonialista**? A mesma casta da sociedade que incentivou e pediu a entrada do Militar ao poder em 1964, com o Congresso Nacional votando, democraticamente, para presidente da república o general Humberto Castelo Branco.

Sinceramente não acreditamos na possibilidade de uma reviravolta total e absoluta, infelizmente! Enxergamos o Brasil como ele sempre foi e está hoje. Comandado por forças externas, sejam elas de esquerda ou de direita, não importa a orientação política, que mantém uma casta de poucos privilegiados escravizando 90% da população. Atualmente o comando está nas mãos de forças nitidamente socialistas que entranharam em todo o tecido social do país. Uma guinada à direita parece quase impossível! O próprio exército brasileiro já tem, em suas hordas, simpatizantes socialistas, desde antes da revolução de 1964. Acreditamos que esta situação seja proveniente da semente plantada pela Guerra fria entre EUA e União Soviética, iniciada logo após o término da 2ª Guerra mundial.

A mobilidade social em uma estrutura como a nossa é muito baixa, dando poucas chances de quem está na base da pirâmide ascender em direção ao seu topo. A disputa por um "lugar ao sol" se torna tão feroz, que praticamente joga os mais ambiciosos no colo da desonestidade, da criminalidade e da corrupção no setor público. Estes irão, certamente, fazer parte da Comissão de Frente, tal qual nas escolas de samba do Rio de Janeiro, da casta que compõe o **Corporativismo Colonialista**. É aqui o lugar por onde se esvai parte de toda a fortuna gerada pelos tributos cobrados das empresas privadas, administradas e geridas arduamente por seus colaboradores e proprietários. Após a passagem dos coletores de impostos, encargos, taxa municipal, estadual e federal para remessa aos cofres governamentais, sobra muito pouco nos caixas das empresas privadas para ser reinvestido.

A máquina estatal, por sua vez, com as despesas estratosféricas das folhas de pagamento, não terá recursos para investir em infraestrutura para o bem-estar da maioria da população. Uma grande parte dessa população precisa "suar a camisa" para que uma pequena casta de privilegiados viva nababescamente e, em consequência disto, os pequenos assalariados não conseguem manter padrões mínimos de boa qualidade de vida. Aposentadorias milionárias, salários absurdamente altos, tão elevados que um trabalhador comum assalariado com o valor do mínimo precisaria trabalhar 8,33 anos para receber o equivalente. Querem fazer as contas? Tomem uma aposentadoria de 100 mil reais e calculem quantos meses, recebendo 1.000 reais por mês, seriam necessários trabalhar para se alcançar a cifra desta pequena fortuna.

Estas são as aberrações com as quais convivemos diariamente e não nos damos conta de que são elas, associadas a todo um conjunto de práticas semelhantes, que solapam as Contas da União. E não, exclusivamente, o roubo gerado pela corrupção. São salários e aposentadorias pagos a funcionários públicos comuns, para não dizer medíocres, ocupantes de cargos medianos, que se equiparam aos ganhos de poucos campeões da iniciativa privada que se destacam, por mérito, entre milhões de concorrentes.

Será que existe um tipo de corrupção que não tenha o aspecto usual dela, mas que possa gerar um ganho financeiro dentro da estrutura corporativa colonialista? Como por exemplo, quando um presidente, um governador ou um simples prefeito consegue gerar ganho milionário para si ou para outrem, só pelo fato de ter as leis nas mãos e poder tirar proveito disto. Quantas pessoas, famílias e grupos econômicos não enriqueceram quando se lançou um projeto, por exemplo, como Juscelino fez ao construir Brasília? Ou quando Aécio Neves idealizou e construiu a Cidade Administrativa do Estado de Minas Gerais? Quantas empresas de engenharia e tantas outras ligadas a elas não surgiram e se tornaram os impérios financeiros que predominam hoje em dia? Podemos mencionar alguns exemplos clássicos: Odebrecht, Camargo Correia, Andrade Gutierrez, OAS, Mendes Júnior e tantas outras mais de natureza e porte semelhante que não carece relacioná-las na íntegra. Os grandes grupos financeiros surgidos a partir do gigantismo destas empresas de engenharia compõem parte da estrutura do que estamos denominando de **Corporativismo Colonialista,** apesar delas estarem umbilicalmente vinculadas à **Corrupção Endêmica**.

Na ocasião do lançamento da Cidade Administrativa, pelo então governador Aécio Neves, sabe-se que ricos amigos pessoais do governador, sabendo de antemão onde seria construído o complexo administrativo do Estado, correram à frente e compraram todas as áreas desvalorizadas que existiam na região circunvizinha. Da noite para o dia, áreas de pouquíssimo valor imobiliário se transformaram em loteamentos supervalorizados. Há quem possa dizer que casos semelhantes ocorrem no mundo dos negócios em todas as cidades do planeta.

Afirmativa com a qual concordamos, mas pedimos a quem a formulou para que faça uma avaliação também da qualidade de vida destes locais e de como é o grau de influência do Estado na vida das pessoas. Queremos concluir que estas situações são mais frequentes e recorrentes em sociedades mais pobres, com alta ingerência do Estado na vida dos seus cidadãos.

Aqui, na cidade de Belo Horizonte, temos um caso lapidar que é o bairro Belvedere, idealizado e projetado inicialmente para ser ocupado somente por residências unifamiliares de alto luxo. Da noite para o dia foi alterada a Lei de Uso e Ocupação de Solos do Município, transformando este bairro em zoneamento liberado para a construção de grandes espigões. Quase certo os mais altos da cidade! Quem tinha a chave do cofre? Ora essa, o prefeito da época tinha: Sérgio Ferrara. O radialista que se elegeu graças à sua popularidade, mas que desapareceu da vida pública após o término da sua administração. Poucos meses antes de finalizar o seu mandato trataram de modificar a Lei do Uso do Solo do Bairro Belvedere, que beneficiava uma família que era proprietária da maioria dos lotes desta grande e valorizada região. Somente o Estado de Minas Gerais possui mais de 850 municípios, sendo que o Brasil soma um total próximo de 5,5 mil. Se cada prefeito destes municípios resolve fazer o que o de Belo Horizonte se dispôs a fazer, vamos chegar a números astronômicos, para não dizer estratosféricos, de fortunas geradas pelo fator "canetada" por influência financeira.

Acreditamos que esta prática seja vista pela maioria dos brasileiros como um procedimento normal, dado o nosso baixo grau de interesse político. E consideramos também que ela não se enquadra na definição mais rígida de corrupção. Por esta razão a colocaremos no rol do nosso velho e tão falado **Corporativismo Colonialista**. Não existe dinheiro público sendo desviado diretamente para os bolsos de políticos corruptos e nem de empresários inescrupulosos corruptores. O fluxo do dinheiro, nestes casos, entrou no bolso das empresas da iniciativa privada, enriquecidas pelo conluio antigo com Estado, para irrigar os bolsos dos políticos corrompidos. Trata-se de uma prática que vem corroborar, de forma indireta, a ideia do que temos tentado explicar exaustivamente. O peso maior de um Estado intervencionista, com a sua enorme despesa financeira, está tão entranhado na estrutura social, de forma tão profunda, que fica difícil discerni-la e contabilizá-la até para os poucos que conseguem enxergar esta obviedade.

Antes de entrar na parte final deste capítulo gostaríamos de voltar a discutir a questão da escolha político social que o Brasil tem feito, mesmo antes do início da 2ª Guerra Mundial. Sabemos que o governo de Getúlio Vargas tinha tendências nitidamente nazistas, assim como também o era nosso vizinho mais rico, a Argentina. O Brasil só decidiu entrar na guerra ao lado dos Aliados (leia-se Inglaterra e EUA) quando, pretensamente, alguns navios cargueiros foram atacados e afundados por submarinos alemães. A União Soviética era aliada da Alemanha Nazista antes de 1939, início oficial da 2ª Guerra Mundial, só entrando para o lado dos Aliados quando foi invadida por Hitler. Dizer que governos de direita são Nazistas, como o fazem os "esquerdopatas" brasileiros da atualidade é, no mínimo, ignorância histórica e cultural, para não dizer tratar-se de estertores de um mau-caratismo doentio da ala esquerda burra do Brasil.

Passada a 2ª Guerra Mundial e entrando na presidência de Juscelino Kubitschek, começou-se a construção de Brasília, projetada por dois brasileiros comunistas de carteirinha. Lúcio Costa, que era o Urbanista, projetou o Plano Diretor sob forte influência de Le Corbusier, urbanista e arquiteto francês, também comunista. E Oscar Niemeyer, comunista até o fim da sua longa vida, foi o arquiteto que se encarregou de projetar os prédios dos poderes governamentais, com grande plasticidade, mas inabitáveis na acepção direta deste termo. Sabemos também que a França e o povo francês foram, em sua grande maioria, colaboradora do regime nazista de Hitler de forma indireta e dissimulada. Sendo esta geração de urbanistas e arquitetos do Brasil, que trabalharam em Brasília, comunistas ferrenhos, poderíamos colocar também na ala de admiradores deste regime, Juscelino Kubitschek, com seu grandioso e dispendioso projeto da capital Brasília? Parece-nos bastante viável a resposta sim para esta pergunta.

Prosseguindo pela história política brasileira, descontados 22 anos do período do Regime Militar, vamos encontrar novamente políticos notáveis da república, comunistas declarados ou socialistas disfarçados de democratas. São eles: Fernando Henrique Cardoso, Leonel Brizola, Miguel Arraes, José Serra, Ciro Gomes e Aécio Neves só para citar os mais proeminentes. Se alguém duvidar desta afirmativa basta rever os vídeos, quando da morte de Fidel Castro, para constatar como estes cavalheiros ficaram ressentidos com a perda deste "grande estadista". Só faltaram as lágrimas a estes lamentáveis cavalheiros, alguns travestidos de sociais democratas, na vã tentativa de explicar como Fidel foi importante líder democrático de Cuba. Esta é a realidade das nossas escolhas políticas e de seus principais artífices. Sempre estiveram de namoro com as ideologias de esquerda, estatizantes, burocráticas e incrivelmente inchadas, facilitando a proliferação e o fortalecimento do **Corporativismo Colonialista**.

15.1 Resposta ao nosso drama nacional

Prontos para a resposta final às perguntas: **Quem dá mais prejuízo ao Brasil? A Corrupção Endêmica ou o Corporativismo Colonialista?** Podemos apresentar o "suco da laranja" após espremê-las até o bagaço? Para tanto vamos trabalhar com o PIB (Produto Interno Bruto) de 2016, já apresentado aqui no Capítulo 4 deste livro. Além dos números das despesas governamentais, lá relacionadas, trabalharemos com estimativas do que a **Corrupção Endêmica** produz no Brasil. A ONU (Organização das Nações Unidas) fez um estudo onde calculou que perdemos algo em torno de R$ 200 bilhões por ano devido aos desvios da corrupção. Veja a matéria vinculada na Revista Isto É no link a seguir:

https://istoe.com.br/brasil-perde-cerca-de-r-200-bilhoes-por-ano-com-corrupcao-diz-mpf/

Já a FIESP (Federação das Indústrias de São Paulo), através do seu órgão interno, DECOMTEC (Departamento de Competitividade e Tecnologia) estimou um custo médio entre 1,38 a 2,3% do PIB do que a corrupção produz de prejuízo ao país, anualmente. Para ter acesso a esta matéria na integra veja no link a seguir: https://sindjufe-mt.jusbrasil.com.br/noticias/2925465/o-preco-da-corrupcao-no-brasil-valor-chega-a-r-69-bilhoes-de-reais-por-ano

Para melhorar o entendimento, aqui está o PIB brasileiro de 2016: R$ 6,36 trilhões. Se aplicarmos o maior percentual estimado pelo DECOMTEC de 2,3% sobre o PIB teremos um prejuízo de R$ 146,28 bilhões para o ano de 2016 devido à corrupção. Valor este bem próximo ao do estudo da ONU de R$ 200 bilhões, correto? Para efeito de simplificação de raciocínio e facilitar as contas vamos considerar este último valor como o mais próximo da realidade para representar o desvio devido a Corrupção Endêmica.

Vamos agora explicar os números das despesas governamentais que corre por conta exclusiva do **Corporativismo Colonialista.** A Dívida Pública deste ano estava em R$ 1,35 trilhões, sendo constituída das seguintes parcelas:

- R$ 880 bilhões de Juros e Encargos para refinanciamento desta mesma Dívida Pública. Vamos recordar que quem estabelece os altos juros da SELIC é o próprio governo;
- R$ 304 bilhões foram pagos pelo governo de Juros e Encargos;
- R$ 166 bilhões foram pagos para amortizar o principal da Dívida Pública.

Existe uma outa conta governamental que se chama: Encargos Especiais. Ela não é nada mais nada menos do que mais recursos financeiros para pagar Juros e Encargos da Dívida Pública, que deveria então, à rigor, pular para o valor de R$ 1,7 trilhão. Vamos relembrar aos mais esquecidos que Dívida Pública é contraída para pagar todos os salários, encargos sociais e despesas governamentais, mais juros e encargos financeiros aos Bancos. A nossa Dívida Pública em 2018 está em torno de R$ 3,86 trilhões, mais da metade do nosso PIB em 2016.

Para não ficar muito enfadonho e longo este comparativo final, vamos logo somando somente as parcelas dos Juros e Encargos de R$ 880 bilhões aos Encargos Especiais de R$ 345 bilhões. Isto representa R$ 1,23 trilhões que é 6,15 vezes maior do que perdemos para a corrupção em 2016. Nesta absurda relação não consideramos o que pode e deve ser cortado das Despesas Governamentais para que o país se liberte definitivamente deste câncer: **Corporativismo Colonialista.** Estamos tranquilos e certos de que se entrarmos a fundo nestas despesas, e nos R$ 572 bilhões do PIB reservado para Previdência Social (leia-se: aposentadorias) poderíamos chegar fácil à seguinte conclusão: **o Corporativismo Colonialista consome, no mínimo, 10 vezes mais do que a Corrupção Endêmica!**

Esta resposta não pode servir de alívio no combate à corrupção, pelo contrário. Ela deve servir de parâmetro e estímulo para trabalharmos em prol de tornar este país muito rico para a maioria de todos os brasileiros e não apenas para uma casta de privilegiados. Lembrando sempre que se o combate à corrupção, que é um fenômeno mundial, é muito custoso e de resultados a médio e longo prazo, ainda é mais fácil do que a eliminação do **Corporativismo Colonial**. Este está impregnado na nossa sociedade como se fosse um direito inarredável aos brasileiros que chegam para usufrui-lo, muitas vezes passado através de gerações e mais gerações, como direito divino.

17. QUAIS FORÇAS DOMINAM AS ECONOMIAS MUNDIAIS?

Nunca fomos apaixonados pelo assunto economia, até porque a nossa formação profissional é de ciências exatas e não de números com teorias de fundamentos econômicos. Conta-se, pelos círculos de amizade, uma pequena anedota: Três amigos conversavam animadamente, em uma mesa de bar, sobre qual seria a profissão de Deus para que Ele tenha criado o Cosmos, a Terra, o Homem e a Natureza. Cada qual tinha uma profissão distinta: um era engenheiro, o segundo era médico e o terceiro um economista.

O primeiro defendeu a tese de que Deus só poderia ser Engenheiro. "- Como não?"- disse ele - "Como Deus poderia ter criado o Universo, todas as galáxias, os sistemas solares e os planetas funcionando em perfeita harmonia, através de uma mecânica celeste inigualável se não fosse um construtor, um engenheiro de primeira qualidade? Engenheiro com uma capacidade inimaginável, aliás, diante de todas as maravilhas da natureza criadas e produzidas por Ele. Para tanta diversidade na criação somente sendo engenheiro para fazer tudo funcionar de acordo com o planejado!" - arrematou o engenheiro as suas ponderações.

"- Para mim não restam dúvidas de que Deus é médico" - começou o amigo Doutor, animado em explicar as suas razões. "- Vejam bem, - continuou firme na sua pretensão - como seria possível a um engenheiro pensar em toda a biologia que é necessária para a formação do corpo de um ser vivo, para poder criar o homem à sua imagem e semelhança? O processo reprodutivo, que gera a vida e mantém as espécies é uma ferramenta eminentemente dominada por um profissional da genética. Os próprios planetas, hoje à luz da ciência holística, podem ser considerados como entidades vivas. Eu não tenho a menor dúvida, se Deus tem uma profissão, esta é mais ligada à medicina e tenho dito: Deus é Médico!" - Vaticinou o amigo médico.

O terceiro companheiro, economista, já meio desconfortável com todas as boas explicações e justificativas dadas por seus amigos, sentiu que sobrou muito pouco espaço de ação para ele justificar qualquer possibilidade de Deus ser um Economista, quando foi iluminado por um lampejo de criatividade e soltou de chofre: "- Ah é, se Deus não for economista, qual outra profissão teria produzido o "Caos" iniciado pela explosão primordial, o *Big Bang,* que foi necessário para a formação do Universo, segundo a mais recente Teoria da Física para explicar a formação do mesmo? Somente um Economista seria capaz de gerar este Caos!" Todos os três amigos caíram em gostosas gargalhadas!

O argumento foi suficientemente forte para acabar de vez com a discussão entre os três. Realmente, qual profissional, que não o economista, seria capaz de criar o caos na economia dos países e do mundo?

Quem, senão um economista, seria preparado o bastante para criar um padrão monetário que até hoje pouquíssimas pessoas entendem como funciona ou quem o mantém? Este padrão já foi o sal nos primórdios da humanidade, virou pele de animal quando o homem precisou das mesmas para resistir aos rigores da Era do Gelo e passou para o ouro até meados do século XX.

Vejam a posição atual do padrão monetário, descrito no trabalho de Monica Baer, Marcos A. M. Cintra, Eduardo Strachman e Rudinei Toneto Jr.: "*Desde agosto de 1971 - quando se rompeu o Acordo de Bretton Woods - e principalmente após março de 1973 - quando se abandonaram os esforços sistemáticos de reordenamento das taxas de câmbio para chegar a uma nova estrutura de paridades fixas -, a economia mundial opera na ausência de um regime monetário internacional. Como esta situação já se prolonga por um tempo razoável e como, apesar da instabilidade na área monetário-financeira e dos desajustes comerciais, a economia mundial não incorreu em crises profundas, surge a dúvida quanto à necessidade de se alcançar uma nova ordem e qual deve ser sua natureza.* "

Existem, nos dias de hoje, várias formas de se mensurar a riqueza de uma nação. Talvez uma que possa ser usada seja a sua capacidade de acumular dólares através de suas exportações de bens e serviços. De fato, estamos à procura da estrutura econômica mundial que controla a economia das nações do planeta. Será que o Grupo dos Bilderbergs é a origem de todo o controle financeiro mundial? Seriam eles parte dos Illuminatis ou os próprios? O professor Olavo de Carvalho, em suas apresentações sobre economia mundial, é enfático em afirmar que o mundo atualmente vive sob a égide de uma Nova Ordem Mundial. Suspeita-se que não tardará sermos controlados por um único governo, uma única religião. Esta Nova Ordem Mundial já vem sendo preparada a não menos do que cem anos. Sendo que este novo poder não deriva diretamente do Capitalismo Liberal e nem do Socialismo criado pelo Comunismo em suas várias versões. Esta força surgiu dentro do que ele, Olavo de Carvalho, denomina de Meta Capitalismo. É formado por indivíduos que se enriqueceram tanto com o Capitalismo, que hoje já não aceitam mais as regras da livre concorrência de uma economia liberal desvinculada do Estado. Este pessoal do "Meta capitalismo", segundo esta visão, são originários da corrente do Fabianismo, que é uma forma amena do socialismo, sem tempo preciso para implantação dos seus objetivos principais. O socialismo Fabiano foi criado e fundado em 1883, na Inglaterra.

A situação fica ainda mais complicada quando consideramos que todas as forças socialistas do mundo são financiadas diretamente por estes "Meta capitalistas", por mais contraditório que esta afirmativa possa parecer em um primeiro momento. Este pessoal vem financiando tragédias humanas ao longo da nossa história recente: financiaram o Kaiser alemão na 1ª Guerra Mundial. Deram muito dinheiro para Hitler enfrentar o mundo com o seu nazismo. Industrializaram a União Soviética, que após a 2ª Guerra Mundial estava completamente falida. Reergueram a Europa Ocidental, o Japão e, ultimamente, investiram maciçamente na China para transformá-la na potência econômica que ela é hoje. Os Meta capitalistas, com o seu socialismo Fabiano, encontram-se por trás de muitos eventos históricos recentes que precisaram de muito dinheiro para se manter. Como exemplo real tem-se a tentativa de implantação do socialismo na América Latina, financiando comunistas dispostos a pegar em armas para depor regimes políticos, ajudados pelos narcotraficantes das FARCS. O que devemos saber para melhor entender o "por que" de toda esta contradição é que eles apostam no conceito, já utilizado e aprovado na prática, que sociedades onde são destruídos os seus símbolos morais e religiosos torna-se mais facilmente escravizáveis e, portanto, mais fáceis de serem controladas.

A liberação das drogas e do sexo também faz parte do conjunto de medidas utilizadas para enfraquecer física e mentalmente as sociedades humanas. A tática básica é destruir as civilizações até um ponto crítico, mas que sejam capazes, a partir daí, de retomar as suas capacidades produtivas ao se injetar dinheiro. Implantam novos conceitos morais, filosóficos e criam a infraestrutura necessária para a recuperação do que foi parcialmente destruído. Quando se libera drogas e sexo para adultos o resultado final é brutalmente diferente de quando se faz o mesmo no término da primeira infância e início da adolescência. Estamos falando de crianças de 6 anos até pré-adolescentes de 14 anos. O caráter comportamental dos seres humanos nesta fase da vida será marcado de maneira indelével para o resto das suas existências, como participantes de uma sociedade que necessita de adultos produtivos.

O risco que enxergamos na política das esquerdas é que se forme uma sociedade totalmente viciada em drogas e mentalmente alienada. O objetivo é fazer com que os jovens passem a ter ódio dos padrões sociais preestabelecidos (pelo que elas chamam de Direita Fascista), mas se esquecem de que o próprio fascismo esteve umbilicalmente vinculado ao socialismo. O socialismo no mundo tornou-se o "colo" preferido daqueles que se sentem excluídos da sociedade ocidental padrão instituída, ou seja, aquela que estabeleceu os laços da família tradicional. Que criou o casamento entre heterossexuais e respeita aqueles que professam religiões de forma livre e independente. Estes auto excluídos se sentem no direito de atacar de forma violenta e sem nenhum pudor as instituições sociais tradicionais e os seus padrões.

Este comportamento rebelde se "encaixa como uma luva" na Teoria Comunista Socialista onde o Estado assume o lugar das famílias para criar as suas crianças e se torna o centro das necessidades religiosas do ser humano. As pessoas que aderem facilmente à ideologia de esquerda invariavelmente pensam e agem em grupos e quase sempre rejeitam os que gostam do pensamento independente. Aquele que exige muita leitura e estudos.

Para entender um pouco mais sobre forças ou grupos que controlam o mundo, recomendamos a leitura dos livros do filósofo e pensador Olavo de Carvalho (relacionados na Referência Bibliográfica deste livro), bem como ouvir os seus vídeos postados no Youtube. Com o intuito de introduzir algumas das suas definições e visões básicas transcrevemos a seguir um resumo bastante sucinto de alguns de seus pensamentos:

1. A Escola de Frankfurt prega o pragmatismo político;

2. O marxismo cultural está claro nas ações de George Soros (Megainvestidor);
3. Existe uma associação forte do Grande Capital ao Comunismo no mundo;
4. George Soros não tem uma ideologia clara;
5. Napoleão Bonaparte foi a primeira figura mundial que falou sobre Ideologia;
6. Ideologia pode ser simplificadamente definida como: "pessoas que discutiam inteligentemente assuntos visando objetivos materiais e específicos";
7. Não existe uma única ideologia comunista, mas inúmeras diversificações (Stalinista, Maoista, Gramsciana, Fabianista, etc);
8. Definições ideológicas não ajudam a definir quem está lutando pelo que e com que meios e qual o percurso;
9. Existem 3 grandes Grupos (Blocos) que controlam o mundo: o Bloco Eurasiano composto pela Rússia e China, que representam o Comunismo (a China comunista convive parcialmente com economia capitalista), o Bloco Islâmico fundamentalista representado pelos países árabes, e por último, o Bloco Ocidental composto pelos Estados Unidos e a Europa Ocidental que representam o Globalismo com economia Capitalista;
10. Na década de 20 os Globalistas começaram a planejar o Governo Mundial e até hoje não conseguiram implementá-lo. Não necessariamente quem domina as pessoas estão dominando o processo;

11. 80% das Leis do Brasil vêm da ONU, assim como o programa do PT. O pessoal da ONU está inventando um modelo para transformar e dominar o mundo;

12. A China está comprando tudo no Brasil. A dominação do Brasil pelo mundo rico não é econômica, mas sim ideológica;

13. A suprema Elite Capitalista do ocidente (Rothschild, Morgans, Rockefellers, etc.) jamais moveu uma palha pelo Capitalismo Liberal. Ao contrário, tudo fez para promover 3 tipos de Socialismo: a) o Socialismo Fabiano, fundado em 1883, b) o Socialismo Marxista na União Soviética, Europa Oriental e na China, c) o Nacional Socialismo na Europa Central com o Nazismo;

14. A suprema Elite Capitalista apoiou a indústria bélica de Hitler, o parque industrial da URSS e a potência econômica da China. Todos estes empreendimentos seriam impossíveis sem o dinheiro de Wall Street;

15. O socialismo Fabiano não tem a menor pressa para implementá-lo;

16. Não existe mais no mundo Capitalismo Liberal, mas socialismo Fabiano:

17. O Capitalismo tem interesse em manter vivo o Socialismo e o Nazismo;

18. A Elite econômica ocidental não é Capitalismo liberal, mas sim socialismo Fabiano;

19. Os Fabianos dominam o partido democrata americano e parte do republicano também.

Estas são visões personalistas deste incrível pensador e filósofo que, aliás, já foi astrólogo e, imaginem, era comunista na década de 1960. Olavo de Carvalho possui uma extensa lista de obras literárias sobre política e economia, de autores diversos, que devem ser lidas por quem se interessa em compreender o mundo atual. Mora atualmente nos Estados Unidos, em parte porque foi ameaçado de morte por forças que controlam o Comunismo na América Latina, seguindo caminho idêntico de outros, tal como Paulo Francis, na década de 80 e Diogo Mainardi, mais recentemente. É interessante observar como certos indivíduos da esquerda reagem às ideias contrárias às suas: fazem ameaças de morte que quase sempre são cumpridas. Eles não admitem o contraditório e por isso se veem obrigados a eliminar o pensador discordante dos seus ideais. Foi assim que o regime comunista soviético, chinês e outros menores mataram mais de 100 milhões de seres humanos desde quando começou a ser implantado à força no início do século XX. Quase duas vezes o número de vítimas em decorrência da 2ª Guerra Mundial, que foi aproximadamente de 54 milhões. Extra oficialmente estima-se que este regime sangrento tenha eliminado algo em torno de 160 milhões de pessoas discordantes do regime.

Por incrível que pareça, por mais contraditório que soe aos nossos ouvidos, os maiores admiradores do comunismo, no mundo inteiro, estão também nas fileiras da classe artística. São atores, atrizes, músicos, artistas dos mais diversos matizes, diretores de teatro e cinema, enfim pessoas com alto grau de sensibilidade desenvolvida por força da própria profissão. Será por esta razão que as pessoas mais sensíveis, os artistas de uma forma geral, guardando fortes emoções em seus corações e preservando o lado criança que todo ser humano possui, se tornam presa fácil do comunismo? Pois bem, sabe-se que quanto mais jovens somos, mais adeptos aos ideais igualitários entre os seres humanos nos tornamos. Aliás, é esta a mesma falsa ideia que é vendida pelo comunismo: a igualdade humana com menos diferenças materiais entre os indivíduos. Qual jovem, puro de coração, já não se apaixonou por estes ideais de igualdade entre seres humanos? Só que na medida em que envelhecemos e nos tornamos maduros o suficiente, começamos a enxergar a malícia humana como realmente ela é. Principalmente aquela advinda daqueles que querem distribuir a igualdade entre os homens sabendo que é a mais falsa verdade, ou seja, os propagadores do comunismo.

Devemos entender que os artistas são crianças que cresceram fisicamente, se tornaram maduros e velhos, mas ficaram privados da capacidade de desenvolvimento da percepção intelectual da malícia humana? Ao mesmo tempo em que os mentores intelectuais do comunismo pregam uma maior igualdade dentro da sociedade humana, eles criam uma casta de nobres comandantes que vivem como se reis fossem. Escravizam a população, distribuem a miséria entre os que não foram assassinados pelo regime de força bruta. Temos para nós que esta percepção infantil que todos já carregamos um dia dentro de nossas jovens cabeças - a igualdade entre seres humanos - é a mais falsa ideia que se pode ter sobre a natureza física, biológica, mental e espiritual do homem. Se assim fosse, indo ao extremo para justificar as diferenças humanas, como se explicaria o surgimento dos expoentes das artes, dos esportes, das ciências e da espiritualidade? Voltando ao mundo dos "normais" e "medianos", até aqui as diferenças entre as pessoas são gritantes no que tange a capacidade de produzir trabalho e de criar projetos. Alguns nasceram para obedecer às regras e outros para criá-las.

Para finalizar este capítulo gostaríamos de lembrar a velha e desbotada teoria conspiratória, mas não menos crível por causa disto, de que aproximadamente 300 famílias distribuídas pelo mundo controlam toda a economia do planeta. A Teoria-mãe fala em 13 principais famílias. Essas famílias não são nacionalistas e muito menos regionalistas: elas são globalistas. Faça um rastreamento das maiores fortunas do mundo e você irá se deparar com esta realidade. Elas estão na Europa, América do Norte, América Latina, Rússia, Leste Europeu, China, Japão, países Asiáticos, países Árabes e na própria África. Vê-se, por esta distribuição, que raça também não é a fronteira do dinheiro. Qual seria então este divisor? Sabe-se que estes poderosos donos do mundo financiam guerras para ambos os lados. Colocam e tiram presidentes, orientam dirigentes de países de potências econômicas e bélicas ao seu *"bel prazer"*. Pode parecer um verdadeiro disparate afirmar isto sem provas concretas e definitivas para tanto. Acontece que todos os indivíduos que tentaram delatar este sistema de controle mundial foram sumariamente eliminados ou se calaram para sempre por medo das ameaças sofridas. Eles não são de esquerda nem de direita e manipulam os dirigentes mundiais, chaves, como se fossem marionetes. No fim das contas acabamos sendo apenas massa de manobra e escravos de todo este poderio monetário, que se sustenta também através de força bélica.

Se fizermos uma análise voltada para saber qual seria o melhor regime político a ser adotado pela Elite Econômica que controla o mundo, chegaríamos à seguinte conclusão: o comunismo. E por quê? Porque no comunismo os indivíduos são mais facilmente controláveis. Parece que não gostam de ler assuntos concernentes a sua ideologia para se inteirar da história. Seus mentores distorcem as origens dos fatos históricos, as pessoas trabalham em grupos e detestam as individualidades, principalmente aquelas que geram riquezas pessoais. Além disso, conseguem eliminar os pensadores independentes e altissonantes de forma rápida, se necessário for. Estes fatores são excepcionalmente alvissareiros para os escravocratas donos do mundo. Concordância plena das populações com os projetos e planos de um sistema de governo extremamente centralizador e forte, controle absoluto das informações, imprensa, mídia social, destruição dos valores religiosos e da família. O Estado passa a ser o todo poderoso a partir do momento em que ele destrói a crença em Deus e todos os valores espirituais que são associados ao conceito de uma divindade suprema.

Por outro lado, o regime Capitalista, o mesmo que propiciou o fortalecimento financeiro estrondoso destes proprietários do planeta, agora nada tem de atrativo para quem quer escravizar as pessoas. Ideais conservadores, economia liberal, mentes independentes e pessoas abraçando a crença religiosa que melhor lhes adequa. Indivíduos questionadores e donos do "próprio nariz" capazes de criar concorrência aos grandes Barões das finanças globais. Por que correr o risco de perder o mercado para a concorrência? No Capitalismo prevalece a criatividade humana acima de tudo e toda a genialidade que um ser humano possa expressar, mesmo que isso venha produzir algumas distorções sociais. O Capitalismo existente atualmente nos Estados Unidos da América é o representante máximo desta corrente. Provavelmente devem ser seus próprios expoentes, as famílias Rothschild, Rockefeller, Morgan, Du Pont e outras, que estão por trás da desconstrução do grande Império Americano para a criação de um império ainda maior: o Globalista!

Se existir algum dia, por razões de superpopulação, a necessidade premente de uma redução drástica da população humana no planeta a ideologia que melhor se adequa a estes planos mórbidos é o Comunismo / Socialismo. Em pouco mais de 100 anos este sistema assassinou mais de 160 milhões de seres humanos sem que nenhum de seus seguidores atuais, incluindo aí artistas e intelectuais do mundo todo, se lembrem desta barbárie. Chegam a endeusar assassinos frios e cruéis como Che Guevara e Fidel Castro, só para citar "os cabeças" do comunismo aqui nas Américas. Se formos à China encontramos a figura de Mao Tsé-Tung que sozinho eliminou algo em torno de 60 milhões de chineses. Na antiga União Soviética podemos falar de algo próximo de 100 milhões de pessoas eliminadas durante as ditaduras comandadas por Joseph Stalin e Lenin. Apesar de serem dados já fornecidos por mais de uma vez no transcurso deste livro, consideramos que estes assassinatos em massa cometidos pelo comunismo devem ser realçados e destacados sempre, para que o jovem incauto não caia na tentação de desconsiderá-los.

Voltando às principais famílias, das 300 que comentamos anteriormente, podemos relacionar algumas principais a seguir:

1. Rothschild (Bauer ou Bower);
2. Bruce;
3. Cavendish (Kennedy)
4. De Médici;
5. Hanover;
6. Hapsburg;
7. Krupp;
8. Morgan;
9. du Pont;
10. Bush;
11. Plantagenet;
12. Rockefeller;
13. Romanov;
14. Sinclair (St Clair)
15. Warburg (del Banco)
16. Windsor (Saxe - Coburg - Gothe)

Estas são algumas das 300 famílias que controlam financeiramente o mundo e, consequentemente, determinam os destinos da humanidade atual. Com este brevíssimo relato, esperamos ter colocado de forma simplificada e direta o quanto estamos sendo dominados e escravizados no planeta Terra, independente de qual ideologia política abraçamos como nossa. Na realidade, desde o nosso nascimento já somos propriedade do Estado!

18. SAÍDAS PARA O BRASIL NO FUTURO

Vamos tratar agora de fazer um exercício de futurologia e tentar ver o que nos aguarda algumas décadas à frente em termos do Brasil. Não, não temos Bola de Cristal e muito menos olharemos os Astros para ver as suas posições zodiacais. Também não consultaremos as entrelinhas da Bíblia e nem usaremos as mensagens dos Médiuns mais respeitados e conhecidos do Brasil e do mundo. Temos o parco conhecimento de 5 mil anos da História Humana, cheia de hiatos, relatado pelo Velho Testamento, que não deixa de ser uma pequena janela da história do povo hebreu e árabe. Em verdade estes dois povos, que tanto se digladiam hoje, vieram de um mesmo ramo familiar: são primos de fato. E usaremos também da história mais recente, 520 anos aproximadamente, a partir do momento em que Cristóvão Colombo descobriu a América: 1498 DC. Míseros 2 anos separam a data da descoberta da América do Norte do descobrimento do Brasil! Olhando para os pés e umbigos de cá e de lá, hoje em dia, observamos que existe uma lacuna desenvolvimentista brutal entre os hemisférios Norte e Sul. Diríamos algo em torno de 30 a 50 anos para algumas tecnologias e 100 anos para outras.

O que realmente aconteceu abaixo da linha do Equador? A culpa foi do clima tropical? Esta não nos parece ser a resposta mais adequada, pois temos uma Austrália no nosso hemisfério que, além de ser bem mais jovem do que a nossa nação, está alguns anos à nossa frente em termos de organização social. Ela é uma demonstração concreta de quão falaciosa é a razão climatológica para explicar o atraso de países como o nosso. Somos o 8º PIB do mundo, o que nos deixa em condições de sentar à mesa de negociações com os mais poderosos povos do planeta, mas agimos como se fossemos uma colônia do mundo desenvolvido. O Brasil é uma potência mundial pelo seu tamanho e da sua população, sem a menor sombra de dúvidas!

Não somos historiadores, arqueólogos e muito menos economistas. Ciências estas que são utilizadas para uma análise menos incorreta da história da humanidade. Avaliando o seu desenvolvimento social, desde quando o homem da pré-história passou a registrar o seu dia-a-dia por meio de desenhos nas paredes e tetos das cavernas, até os dias atuais. A Bíblia tem, no Velho Testamento, a descrição da sociedade humana de forma completa e minuciosa. Diz-se, apropriadamente, que ela retrata todas as possibilidades do relacionamento humano, sejam entre familiares, parentes distantes, amigos e inimigos. Na verdade, a história da humanidade é cheia de hiatos, que são grandes lacunas devido a total falta de informações para compreensão da sua evolução ao longo dos séculos. E por que não dizer ao longo dos milhares e milhões de anos? Comparativamente, podemos dizer que a história humana é como se fosse um grande jogo de Quebra Cabeças onde faltam inúmeras peças, perdidas irremediavelmente, para concluí-lo.

A ciência nem mesmo sabe a idade exata da nossa espécie, Homo Sapiens, mas estima que esteja próxima de 1 milhão de anos. Se isto for dito na frente de um crente religioso cristão ele dará boas risadas e afirmará que o planeta Terra e suas civilizações humanas tem 5 mil anos de existência somente. Como poderemos afirmar que a melhor forma de economia é o Capitalismo se nem ao menos nos entendemos quanto a compreensão do surgimento do homem e da formação do planeta? Podemos usar somente as teorias criadas por mentes brilhantes, tomadas pelo leigo fervoroso, como realidade absoluta, de como a vida surgiu e se desenvolveu no planeta.

Existem hoje em dia comunidades cultuando o conceito do Geocentrismo, onde o planeta Terra volta a ser o centro do Universo. Com o Sol, a Lua e demais planetas girando em torno de nós. É isto mesmo que você leu, não está enganado! Existem hoje, espalhados pelo mundo afora, comunidades, aos montes, com milhões de fiéis seguidores afirmando que a Terra é plana e que o Sol e a Lua giram em torno de nós! Voltaram a um modelo medieval com mais de 1.000 anos de existência mesmo após o grande gênio Galileu Galilei ter sido quase queimado pela Santa Inquisição Católica por ter afirmado o contrário. Eles conseguiram voltar com este "modelito" do passado, hoje amparado e revestido das mais "sérias e convincentes experimentações científicas." Tem muita gente instruída, inteligente e culta se filiando a esta teoria estapafúrdia.

Pessoas com razoável nível social e educacional fazem confusões terríveis com relação à interpretação do que representa o Novo Testamento e a Bíblia, ou o Velho Testamento. Geralmente acham se tratar da mesma coisa. Confundem os ensinamentos de Jesus - "amar ao próximo como a si mesmo"- do Novo Testamento, com as ameaças de Deus impiedoso e protetor do povo judeu contra os Faraós egípcios dos tempos de Moisés. Nem ao menos sabem que foram escritos em épocas totalmente distantes uma da outra e com propósitos distintos. Não avaliam o quanto se pode deturpar uma história em uma simples tradução ou como as igrejas a reescreveram do modo mais conveniente para elas. Temos pouca informação ou nenhum conhecimento do que somos como seres individuais e menos ainda quando nos reunimos em agrupamentos sociais mais complexos.

De fato, parece-nos que somos tal qual marionetes comandadas por seus donos, repetindo movimentos de acordo com a vontade destes últimos. Não gostamos de pensar muito sobre assuntos complexos e recriminamos quem gosta de pensar "fora da caixa". Temos uma tremenda necessidade de ficar parecidos com o nosso grupo, por isso seguimos a última moda da alta costura, frequentamos os bares e restaurantes mais *cool*. Seguimos a dieta mais recente, depois de termos passados por dezenas de outras fracassadas que se mostravam eficientes e muito bem aceitas pela maioria das pessoas. Nós humanos somos extremamente sociáveis, com raríssimas exceções dignas de nota em anais de misantropia. Apesar desta fácil socialização, podemos nos tornar imprevisivelmente perigosos quando sentimos o risco de descer na escala do status social, ou pior ainda, perder o "pão de cada dia". Ficamos bem parecidos com bestas feras, tipo cães bravios e felinos na natureza quando são ameaçados de perder o seu alimento.

O que estamos tentando transmitir para o leitor, em pouquíssimas palavras, é o quanto somos ou podemos nos tornar o nosso pior inimigo por pura falta de compreensão da nossa formação como povo de uma civilização. Para exemplificar a questão, vejamos como são vistos, ou observados, os povos das seguintes nacionalidades: o Italiano, o Alemão, o Inglês, o Americano do Norte, e o Francês. E, para não ter de rodar o mundo inteiro: o brasileiro. Em termos de conhecimento popular, e sob o ponto de vista da cultura do brasileiro, enxergamos os povos mencionados de diversas formas. O italiano, artista criativo, falante, bom de cozinha, desorganizado e desalinhado com códigos éticos e leis rígidas. O alemão, extremamente organizado, inteligência racional desenvolvida, bom de embates físicos e bem alinhado com códigos éticos e leis rígidas. O inglês, extremamente educado, fleumático, patriota ao extremo, perfeccionista e perfeitamente alinhado com códigos éticos e leis rígidas. O americano, um povo produtivo, trabalhador, organizado, aberto ao mundo todo e alinhado com códigos éticos e leis rígidas. O francês, bom de comida, vinhos, sedutor, "metido a besta" e medianamente alinhado com códigos éticos e leis rígidas. O brasileiro, ah o brasileiro, como podemos nos definir? São tantas as possibilidades, devido às diferentes tipologias de povos que nos formaram, que fica difícil definir um perfil único, mas vamos tentar. Somos apaixonados por finais de semana, futebol e cerveja, criativo, trabalhador, bom de comida, bom de cama e pouquíssimo alinhado aos códigos éticos e leis rígidas. Estas características se aplicam a homens e mulheres.

Pela descrição sumária, sem nenhuma pretensão de sugerir teorias sociais para definir grupos étnicos diferenciados, fica claro que estar alinhado ou não com a obediência a códigos éticos de conduta e leis rígidas faz muita diferença no desenvolvimento de uma nação. Países onde a população não gosta de seguir leis fundamentais que regulam o funcionamento organizado da sociedade, geralmente estão atrás tecnológica e socialmente daqueles que primam por esta qualidade. Não se trata de considerar o brasileiro mais desonesto que os demais povos. Já apresentamos o estudo do Índice de Percepção da Corrupção e mostramos que estamos na média entre 180 países. O que nos parece é que temos uma característica psicológica de nos sentirmos muito mais espertos do que o "outro", mesmo sofrendo do famoso complexo de "vira-latas". Associado à nossa pouca cultura e baixo grau de instrução tornamo-nos reféns deste tipo de comportamento social.

O nosso baixo desenvolvimento se torna claro e inegável quando se analisa o comparativo entre as 10 primeiras potências econômicas do planeta em termos de IDH, Índice de Desenvolvimento Humano e não pelo PIB, Produto Interno Bruto. Talvez por esta característica básica - a falta de vontade de um povo em seguir códigos de conduta e leis fundamentais - estamos muito mal classificados em termos de IDH. Quem quiser conferir esta lista dos 10 países com o melhor IHD e verificar que o Brasil se encontra em 84° lugar pelo estudo feito ano de 2011, consulte o link a seguir:

https://lista10.org/educacao/os-10-paises-com-maior-indice-de-desenvolvimento-humano-idh/

No início deste livro já havíamos relacionados diversos fatores ligados à nossa formação social e cultural como causa para o nosso atraso como nação. Agora estamos apenas concluindo, simplificadamente, o que consideramos umas das principais raízes do mal que afeta a sociedade brasileira: a falta de cumprimento às leis fundamentais. E aqui chegamos a uma encruzilhada bastante singular: somos tão avessos às leis, que acabamos criando milhares delas! Geralmente com umas se contrapondo às outras, gerando uma verdadeira "Terra de Ninguém" ou "Torre de Babel" no meio jurídico. As tentativas de solturas de importantes personalidades políticas (incluindo um ex-presidente do Brasil) envolvidas na Operação Lava Jato, por Togados do Supremo Tribunal Federal, em dezembro de 2018, é a demonstração cabal do que estamos sustentando. Tecnicamente, amparada por Leis do Direito Criminal, havia possibilidade de interpretação para a soltura de condenados em 2ª Instancia. Criou-se, então, com tantos aparatos e dispositivos legais, uma interminável chicana de leis e contra leis, que dificilmente alguém irá cumprir a pena preso por qualquer crime, se tiver condições de contratar caríssimos advogados.

Mais uma vez, podemos afirmar que o mal que assola o Brasil não é a **Corrupção Endêmica**. Ela existe em todas as nações do planeta, mesmo naquelas que possuem alto IDH. O que mais compromete o nosso desenvolvimento é todo o aparato do **Corporativismo Colonialista** que nos deixa à mercê de toda a sorte de manipulação política, jurídica e social. Não existe no Brasil, por parte dos bandidos, contraventores da lei - sejam assassinos, estelionatários, narcotraficantes e do colarinho branco - medo da Lei. Perdura entre os criminosos um grande sentimento, ou mesmo uma certeza, de que seus crimes se tornarão caducos ou levemente punidos. Parece-nos agora, com o advento da Operação Lava Jato, que esta situação começa a dar sinais de mudanças. Entretanto, não podemos esperar mudanças de costumes seculares apenas por meio de uma Operação Jurídica Policial. Na Itália, a Operação Mãos Limpas, que foi a inspiração para a Lava Jato aqui, acabou por cair no vazio da mesmice do caráter do povo italiano. Permitiu, desta forma, o retorno de velhos e decaídos hábitos da criminalidade e do aparelhamento político do Estado e da vida daquele povo.

Independentemente do risco de sermos taxados de Fascistas e Ultradireita pela esquerda brasileira, até porque este pessoal nem conhece história, vamos relacionar mudanças comportamentais que acreditamos serem fundamentais de serem adotadas pelos brasileiros. Tais mudanças precisam ser aceitas de maneira objetiva e sem culpa pela sociedade brasileira, sob o risco de jamais chegarmos ao topo das nações mais desenvolvidas. Elas estão sob a forma de reforma política, jurídica, administrativa e social. Sem mudanças radicais no nosso modo de vida com a implementação de uma mentalidade progressista não sairemos do lugar de onde estamos. Corremos o risco de desaparecer como nação, ou mesmo ser engolidos por outras nações.

Se possível reformar integralmente a Constituição de 1988 e, partindo de toda nossa a vasta experiência do que dá certo e errado, reescrevê-la de forma simples e direta. Sem estas modificações de visão da vida e do mundo pelo brasileiro não sairemos da posição de "adormecido em berço esplêndido" na qual nos encontramos atualmente, nem daqui a mais 500 anos. Por este tempo provavelmente os países desenvolvidos de hoje estarão saindo do Sistema Solar e nós nem teremos chegado à Lua ainda, fazendo uma alusão a uma futura exploração espacial.

Então vamos lá, para relacionar as nossas sugestões que acreditamos serem indispensáveis para colocar o Brasil no caminho de uma nação forte e vencedora. Algumas destas sugestões estão sob a forma de conceitos a serem adotados através de aprendizado de um povo. Há necessidade de reescrever a nossa história. Outras são decisões de aspecto prático e legalista a serem adotados por um código de leis simplificado, coadunado com uma revisão Constitucional:

1. Abolir com o sentimento de culpa da sociedade brasileira pela escravidão dos negros, porque ele foi escravizado pelos seus conterrâneos africanos. A escravidão veio de lá e não foi criada pelos portugueses;
2. Abolir com o sentimento de culpa da sociedade brasileira pela invasão das terras indígenas e integrá-los à sociedade brasileira como capazes;
3. Criminosos praticantes de crimes hediondos devem ser punidos com pena capital - a Pena de Morte ou Perpetua;
4. Criação de colônias penais agrícolas e industriais para reintegração de condenados recuperáveis;
5. Uso da mão de obra de condenados recuperáveis para construção de casas, hospitais, infraestrutura urbana, etc.;
6. Redução da maioridade penal para idades variadas. Dependerá do tipo do crime e não da idade do auto do crime;

7. Abolir e condenar todo e qualquer "jeitinho brasileiro";
8. Desburocratizar a sociedade brasileira ao nível dos países de origem anglo-germânicos e escandinavos;
9. Reforma política limitando a existência de 3 partidos políticos e redução drástica no número de Senadores (2 por estado), Deputados Federais (8 por estado) e Cargos de Confiança;
10. Reforma do Judiciário, reduzindo os quadros atuais, com simplificação dos processos judiciais;
11. Reforma Tributária para a redução dos tributos e maior equanimidade na sua distribuição.
12. Reforma do sistema bancário e eliminar a possibilidade de ganhos estratosféricos pelo sistema financeiro.
13. Reforma da Previdência: Regime Comum e Regime Especial;
14. Investimento maciço e com qualidade no ensino fundamental e médio.
15. Tirar todo investimento no ensino superior deixando-o totalmente a cargo da iniciativa privada,
16. Privatização das atuais Universidades públicas;
17. Privatização da Petrobras e das demais empresas estatais desnecessárias;
18. Eliminação total da estrutura Cartorial existente;
19. Estímulo para as empresas privadas investirem em pesquisas nas Universidades de ensino superior;
20. Fornecimento de bolsas para o estudo superior somente pelo critério de mérito;

21. Abrir o mercado interno para os estrangeiros que aqui queiram se estabelecer;
22. Abrir o mercado externo para as empresas brasileiras;
23. Estimular que mentes brilhantes do mundo inteiro aqui se estabeleçam, indiferentemente de raça, cor, credo e orientação política;
24. Investir pesado nas Forças Armadas para nos tornar uma referência mundial em armamento bélico;
25. O Estado deverá ter como obrigações fundamentais e únicas: Educação Fundamental e Ensino Médio, Segurança e Saúde.

Acreditamos que as saídas aqui propostas são extremamente utópicas e complexas do ponto de vista sociocultural. Dificílimas, se não impossível, de serem implementadas e incorporadas ao nosso estilo de vida, mas são indispensáveis para quem se encontra em situação semelhante à nossa. Precisamos de homens e mulheres em grande quantidade, independentemente de cor, escolha sexual, etnia, que pensem o Brasil de forma integral e ampla. Temos que abandonar a mentalidade que criou o **Corporativismo Colonialista** de uma vez por todas, com risco de jamais conseguirmos ascender ao time dos países desenvolvidos. Precisamos não somente de um presidente carismático ou bons líderes políticos esparsos, mas de milhões de brasileiros que pensem em reconstruir este país sobre bases mais igualitárias, de longo prazo. Temos que deixar as pequenas políticas provincianas de lado, assim como as ideologias falaciosas de esquerda que empobreceram as populações do mundo inteiro com a falsa promessa de uma maior igualdade.

Sempre elegemos ou acreditamos em líderes fortes e carismáticos como Getúlio Vargas, Juscelino Kubitschek e outros de menor envergadura, mas que foram incapazes de fazer o país alçar o voo necessário. Vê-se por uma pequena fresta da história que a personalidade carismática, por si só, não é e nunca será a solução para o crescimento saudável das nações. Saindo do Brasil e retornando sobre as rodas do tempo vamos encontrar líderes mundiais carismáticos, influenciados pelo eixo do mal, que levaram o mundo quase ao seu fim. Lenin, Josef Stalin, Nikita Kruschev, Hitler, Mussolini, Mao Tsé-Tung e outros de menor estatura muito contribuíram para o caos mundial.

Tem que existir amor e carinho ao que é verdadeiramente construtivo e enriquecedor de uma nação: o seu povo. Necessita-se educá-la enquanto ainda é uma criança, ensinar-lhe história da humanidade sem mentiras e isenta de ciências manipuladas pelo poder econômico. Só assim ela se tornará um adulto independente, com ideias próprias, criativo, trabalhador e ao lado do bem. As forças do mal são reais e muito mais atuantes do que as do bem neste nosso mundo material, não temos a menor dúvida quanto a isto. Aqui no Brasil, aplicadas algumas das medidas essenciais que acabamos de listar, eliminaríamos parte do **Corporativismo Colonialista** e reduziríamos a **Corrupção Endêmica** sensivelmente. Não temos a pretensão de achar que estes dois componentes seriam eliminados completamente.

Para tentar enxergar como será o Brasil daqui a 10, 30... 80 anos necessitaríamos fazer a avaliação das modificações globais, já colocadas em curso pela Elite Global. Estas ocorrerão certamente. Acreditamos que um governo mundial acabará se impondo definitivamente como uma realidade inexorável. Resta-nos trabalhar para que impere o eixo do Bem nesta eterna batalha do Mal contra o Bem.

FIM

www.ingramcontent.com/pod-product-compliance
Lightning Source LLC
Chambersburg PA
CBHW051039250726
48656CB00001B/47

* 9 7 8 1 6 7 3 7 5 6 3 7 1 *